I0117063

ROBERT 1990

HISTOIRE

DE LA

MARINE FRANÇAISE.

———

3ᵉ SÉRIE IN-12.

65²

HISTOIRE

DE LA

MARINE FRANÇAISE

PAR L. LE SAINT.

E. A. T.

LIMOGES,
Eugène ARDANT et C. THIBAUT,
ÉDITEURS.

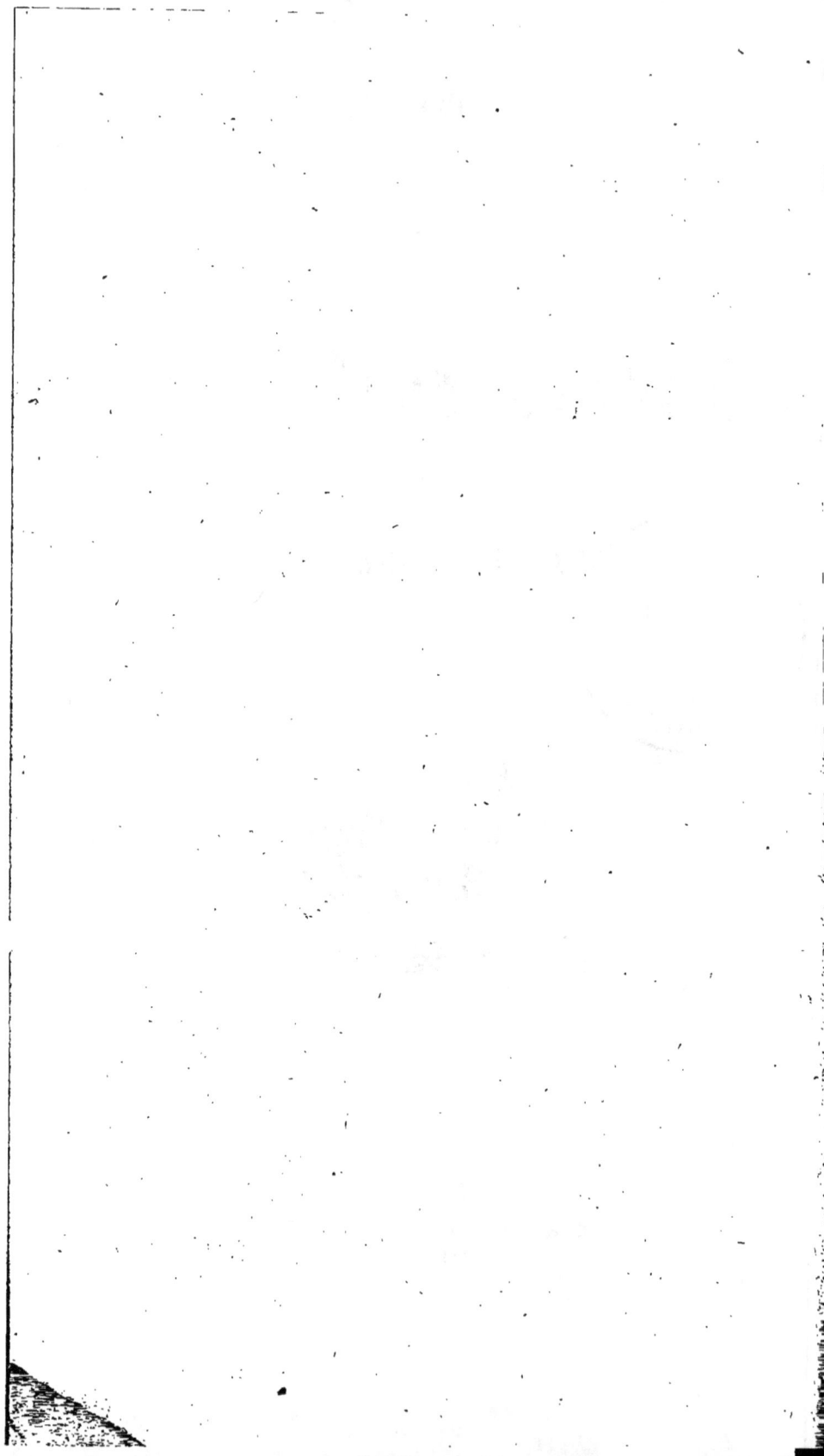

VOCABULAIRE

DES TERMES LES PLUS USUELS

EMPLOYÉS DANS LA MARINE.

———◆❈◆———

ABATTAGE EN CARÈNE, s. m. Action d'abattre ou d'incliner un navire latéralement.

ABORDAGE, s. m. Jonction ou choc de deux objets. Un vaisseau qui atteint son ennemi, et qui s'accroche à lui pour le combattre, est dit aller à l'abordage. — Deux navires qui se rencontrent et se heurtent font aussi un abordage.

ACCALMIE ou **CALMIE**, s. f. Calme momentané; relâche passagère dans la violence du vent ou l'agitation de la mer.

ACCOSTER, v. a. Approcher un objet d'un autre, à une distance plus ou moins petite. Un bâtiment accoste un quai, une cale, un autre bâtiment, etc., quand il se range près d'eux sans laisser aucun intervalle qui les sépare.

AFFALER, v. a. Aider, faciliter la descente d'un cordage qui passe sur des poulies.

AFFRÉTER, v. a. Prendre à louage un bâtiment suivant des conditions particulières.

AGRÈS, s. m. Nom collectif qui exprime l'assemblage des poulies, cordages, voiles et vergues qui sont nécessaires à un vaisseau pour qu'il soit susceptible d'être mû à l'aide du vent : les mâts seuls ne sont pas compris sous cette dénomination.

AILE, s. f. Dans une armée navale, on distingue des ailes, comme dans une armée de terre.

AIR, s. m. Tout rayon mené du centre de l'horizon à un point quelconque de la circonférence, est un air de vent. Un vaisseau qui s'avance sur un de ces rayons, est dit faire tel air de vent, courir à tel air de vent.

ALLÈGE, s. f. Petit bâtiment qui sert à alléger les navires, lorsque les circonstances obligent de diminuer le tirant d'eau.

AMARINER, v. a. Amariner un vaisseau, une prise, c'est prendre possession d'un bâtiment, lorsqu'il a été forcé de se rendre.

AMARRE, s. f. Grelins, câbles, chaînes qui servent à retenir un vaisseau sur un mouillage ou dans un port.

AMENER, v. a. Faire descendre les vergues le long de leur mât respectif, c'est les amener. — On amène le pavillon, lorsqu'on l'abaisse quand il n'est plus utile.

AMIRAL, s. m. C'est le grade le plus élevé dans la marine.

AMONT, terme relatif. Le vent d'amont est celui qui semble venir des côtes vers la mer. Dans l'eau d'une rivière, un bâtiment est en amont d'un autre, lorsque les eaux de la rivière descendent du premier vers le second.

AMURE, s. f. Cordage attaché au coin inférieur d'une voile, et qui sert à l'étendre du côté d'où vient le vent.

ANCRE, s. f. Machine en fer ou en bois qu'on jette au fond de la mer pour maintenir un vaisseau dans une situation choisie, par le moyen d'un câble attaché par une extrémité à l'anneau de l'ancre, et par l'autre au bâtiment.

APPARAUX (AGRÈS et), s. Nom collectif qui exprime l'assemblage de tous les objets nécessaires à l'équipement d'un vaisseau, pour sa mâture, sa voilure, son gréement, et aussi pour son artillerie.

APPAREIL, s. m. Ce mot désigne généralement l'ensemble des moyens employés pour exécuter une opération mécanique quelconque, relative aux travaux variés des ports ou au service des navires.

APPAREILLAGE, s. m. Etat d'un vaisseau qui vient de lever ses ancres, et qui manœuvre pour prendre la route qu'il va suivre.

ARGANEAU, s. m. Anneau de fer. Les ancres ont un arganeau.

ARMER, v. a. Faire l'armement d'un vaisseau, c'est l'équiper et le pourvoir de tout ce qui peut être ou devenir nécessaire à sa destination.

ARRIMAGE, s. m. Arrangement, disposition méthodique de tous les objets plus ou moins pesants qui sont placés dans la cale d'un vaisseau.

ARTIMON, s. m. Dans un vaisseau à trois mâts verticaux, c'est le mât qui est placé le plus en arrière.

ATTERRIR ou ATTÉRIR, v. n. Prendre terre ; reconnaître une terre, ou venir à la vue d'une terre connue.

AVAL (VENT d'), s. m. Vent directement opposé à celui qu'on nomme vent d'amont.

AVARIE, s. f. Dommage fait à un vaisseau ou aux marchandises qu'il transporte.

AVIRON, s. m. Brin de bois de hêtre, de frêne ou de sapin, employé pour donner le mouvement aux canots, chaloupes, bateaux et petits bâtiments.

AVISO, s. m. Petit bâtiment destiné à porter des ordres ou des avis.

BABORD, s. m. Le côté gauche d'un bâtiment pour le spectateur qui regarde vers la proue.

BALEINIERS, s. m. Nom des bâtiments qui vont à la pêche de la baleine.

BALISE, s. f. Marque apparente, placée sur des roches ou sur des écueils pour en éloigner les navires.

BANQUISE, s. f. Grande masse de glaces amoncelées ou séparées, qui empêche l'accès de la terre aux bâtiments arrivés sur un grand banc.

BAPTÊME, s. m. Un vaisseau est baptisé avant d'être mis à la mer ou lancé à l'eau, c'est-à-dire qu'on le bénit sous le nom qu'il doit porter.

BASTINGAGE, s. m. Espèce de parapet élevé sur les bords et tout autour d'un vaisseau pour former un abri contre le feu de l'ennemi.

BATTERIE, s. f. Des canons rangés des deux côtés d'un vaisseau, sur un de ses ponts, forment ce qu'on appelle une battlerie.

BEAUPRÉ, s. m. Mât incliné à l'avant d'un navire.

BER ou BERCEAU, s. m. Espèce de lit incliné, formé de cordages et de fortes pièces de charpente, sur lequel glisse le bâtiment qu'on lance du chantier à la mer.

BERNE (en). Un pavillon est en berne quand il est pendant à l'arrière du vaisseau et plié sur lui-même.

BLINDER, v. a. Blinder un vaisseau, c'est le plastronner et le garantir ainsi contre le feu de l'ennemi.

BOMBARDE, s. f. Nom d'une barque ou d'une galiote destinée à porter un mortier en batterie.

BONNETTE, s. f. Voile supplémentaire qui, dans les beaux temps, est ajoutée aux voiles déployées.

BORDÉE, s. f. Ce mot signifie une course plus ou moins longue dirigée au plus près du vent. Tirer une bordée, c'est tirer tous les canons qui sont placés en batterie du même côté.

BOSSOIRS, s. m. Pièces de bois de fortes dimensions, placées des deux côtés du beaupré, et qui sont saillantes hors de la proue.

BOUCANIER, s. m. Bâtiment qui était employé autrefois à transporter dans les îles des boucaniers ou chasseurs de bœufs sauvages.

BOUÉE, s. f. Corps léger, destiné à flotter verticalement au-dessus du lieu où une ancre est mouillée, et à laquelle il est attaché par un cordage nommé orin.

BOUSSOLE, s. f. Instrument nautique qui indique le nord aux navigateurs.

BOUT-DEHORS, s. m. Morceaux ou bouts de bois, employés pour porter au-dehors d'un bâtiment le coin inférieur d'une de ses voiles.

BRANLE-BAS, s. m. Faire branle-bas, c'est enlever tous les hamacs et les porter dans les filets disposés sur les bords des gaillards et des ponts.

BRIC, BRICK ou BRIG, s. m. Petit bâtiment à deux mâts, avec une grande voile nommée brigantine.

BRULOT, s. m. On appelle ainsi un bâtiment rempli de matières combustibles, et destiné à communiquer l'incendie aux navires ennemis, quand il est lui-même en feu.

CABESTAN, s. m. Machine à l'aide de laquelle, au moyen de leviers dont l'extrémité est introduite dans les trous, on roidit les cordages.

CABLE, s. m. Cordage très gros qui lie les vaisseaux à une ancre mouillée au fond de la mer.

CABOTAGE, s. m. Voyage de mer, de port en port, sans s'éloigner de la côte.

CALE, s. f. Ce mot désigne la base inclinée et factice sur laquelle repose un navire en construction, et aussi la partie basse d'un bâtiment, entre le faux-pont et la carlingue.

CALFATER, v. a. Remplir les joints des planches qui recouvrent la carcasse d'un vaisseau avec des cordons d'étoupe qu'on y chasse avec force.

CANOT, s. m. Petit bateau léger, non ponté, et qui peut aisément être mis en mouvement avec des rames ou avec des voiles.

CAPE, s. f. Etat d'un vaisseau qui porte peu de voiles déployées, et ne les présente que très obliquement au vent, afin de faire le moins de chemin possible.

CAPITAINE DE VAISSEAU, s. m. Grade après celui de contre-amiral.

CAPITAINE DE FRÉGATE, s. f. Grade après celui de capitaine de vaisseau.

CARGUER, v. a. Retrousser une voile en partie ou complètement auprès de la vergue qui la porte.

CAYENNE, s. f. Caserne où sont logés et nourris les matelots qui attendent un armement.

CHALAN, s. m. Bateau plat, qu'on met en mouvement avec des avirons.

CHALOUPE, s. f. Bateau ouvert et non ponté, la plus grande des embarcations d'un navire.

CHASSE, s. f. Un navire donne la chasse à un autre, lorsqu'il le poursuit pour l'atteindre et l'attaquer.

CHASSE-MARÉE, s. m. Barque pontée, avec deux mâts verticaux et deux voiles carrées.

CHENAL, s. m. Canal étroit et resserré où la mer monte assez pour porter des bâtiments.

CINGLER, v. n. S'avancer sur la mer avec une vitesse quelconque.

CLASSES, s. f. Nombre plus ou moins grand de gens de mer, engagés pour servir sur les vaisseaux de l'Etat, et qui ne sont appelés dans les ports de guerre que suivant les besoins du service.

COMMISSAIRE, s. m. Officier d'administration de la marine militaire.

COMPAS, s. m. Nom des boussoles en usage sur les bâtiments.

CONGÉ, s. m. Le congé d'un bâtiment ou d'un capitaine est une permission de mettre en mer, avec telle destination, avec tel chargement.

CONSERVE, s. f. Des bâtiments naviguent de conserve, quand ils se tiennent toujours en vue les uns des autres, pour se défendre et se secourir mutuellement.

CONTRE-AMIRAL, s. m. Le grade entre celui de vice-amiral et de capitaine de vaisseau.

CORSAIRE, s. m. Bâtiment dont le gouvernement autorise l'armement pour aller attaquer les vaisseaux ennemis.

CORVETTE, s. m. Petit bâtiment de guerre, souvent destiné à porter des messages.

COURONNEMENT, s. m. La partie extrême et supérieure de la poupe.

CROISER, v. n. Un vaisseau croise, quand il s'établit dans certains parages, et qu'il les parcourt pour attendre, à leur passage, les bâtiments qu'il doit protéger ou attaquer.

DÉBOUQUER, v. n. Sortir d'un canal, d'un archipel, etc.

DÉFERLER, v. a. Déferler une voile, c'est la dégager de tous les liens qui la tiennent pressée sur la vergue. — V. n. Les lames déferlent quand elles se brisent en écumant contre les rochers.

DÉGRÉER, v. a. Oter le gréement d'un mât, d'une vergue.

DÉMARRER, v. a. et v. n. On démarre un vaisseau, ou un vaisseau démarre, lorsqu'on le dégage des cordages qui le retiennent.

DÉRIVER, v. n. Un vaisseau dérive, lorsqu'il s'avance dans une direction qui forme un angle plus ou moins ouvert avec sa longueur principale.

DÉVOYER, v. a. Détourner d'une direction déterminée.

DRAGUE, s. f. Grand filet attaché à un appareil en fer, pour râcler le fond de la mer.

DRISSE, s. f. Cordage qui sert à hisser un pavillon, une voile, etc.

DUNETTE, s. f. Dans un vaisseau de guerre, plancher qui recouvre, à une certaine hauteur, la partie extrême du gaillard d'arrière, depuis le mât d'artimon jusqu'au couronnement.

ECHANTILLON, s. m. On entend par ce mot les dimensions d'une pièce de bois. Un vaisseau est de grand ou de faible échantillon, selon que les pièces de bois qui forment sa muraille sont plus ou moins épaisses.

ECOUTE, s. f. Cordage attaché au coin de la partie inférieure de chaque voile, pour la déployer et la tendre.

ECOUTILLE, s. f. Trappe pratiquée dans l'épaisseur d'un pont ou d'un gaillard.

EMBARGO, s. m. Défense faite aux bâtiments qui sont dans les ports d'en sortir sans permission.

EMBOSSER, v. a. Placer un vaisseau dans une position

1.

telle qu'il présente le côté à un objet déterminé, pour être ainsi dans un état offensif ou défensif.

ENCABLURE, s. f. Longueur d'un câble, ou mesure de 120 brasses.

ENFLÉCHURES, s. f. Echelons en cordes.

ENSEIGNE, s. m. Grade après celui de lieutenant de vaisseau.

ENTREPONT, s. m. Intervalle qui sépare deux ponts.

EPERON, s. m. Assemblage de charpente placé en saillie hors du vaisseau, à l'avant.

EQUIPAGE, s. m. L'ensemble des hommes embarqués pour les différentes parties du service, excepté l'état-major.

ESCADRE, s. f. Plusieurs navires de guerre réunis sous le même chef.

EVOLUER, v. n. Se dit des bâtiments qui font des mouvements quelconques pour varier leurs positions.

FANAL, s. m. Grosse lanterne employée pour faire des signaux.

FELOUQUE, s. f. Bâtiment en usage dans la Méditerranée.

FEU, s. m. Les feux d'un vaisseau sont des fanaux allumés.

FLAMME, s. f. Bande ou banderole de toile d'une couleur quelconque, plus longue que large.

FLIBUSTIER, s. m. Nom de certains corsaires, qui ne sont autres que des forbans.

FLOTTE, s. f. Réunion plus ou moins considérable de navires, qui font voile ensemble.

FOC, s. m. Voile triangulaire.

FRAICHIR, s. m. Le vent fraîchit, lorsque, de faible qu'il était, il devient plus fort et prend des accroissements de vitesse.

FRÉGATE, s. f. Bâtiment de guerre qui n'a qu'un seul pont ou une seule batterie entière.

FRÉTER, v. a. Donner un bâtiment à loyer; équiper un navire.

GABARE, s. f. Bâtiment de charge ou de transport.

GABIER, s. m. Matelot chargé spécialement de prendre soin des mâts, des vergues, etc.

GAILLARD, s. m. Le pont d'un navire est partagé en gaillard d'avant et gaillard d'arrière.

GALIOTTE, s. f. Bâtiment de transport, en Hollande.

GONDOLE, s. f. Petit bâtiment de passage, plus ou moins armé, en usage sur les canaux vénitiens.

GOUVERNAIL, s. m. Pièce de bois attachée à l'aviron d'un navire, d'un bateau, et servant à le gouverner.

GRÉEMENT, s. m. Assemblage de toutes les voiles,

poulies, manœuvres, etc., dont un navire est pourvu pour être mû à l'aide du vent.

GUIDON, s. m. Banderole plus large et moins longue qu'une flamme.

HABITACLE, s. m. Espèce d'armoire dans laquelle on place le compas de route ou la boussole, qui, la nuit, est éclairée par une lampe.

HAUBAN, s. m. Cordage employé à assurer les mâts dans le sens vertical.

HAUTEUR, s. f. Prendre hauteur en mer, c'est mesurer la hauteur méridienne du soleil, ou une hauteur quelconque de cet astre ou de tout autre astre, pour en conclure la position du navire, etc.

HÉLER, v. a. Appeler de la voix.

HISSER, v. a. Elever une chose à une hauteur quelconque en tirant sur un cordage.

HOULE, s. f. Mouvement d'ondulation qui reste aux eaux de la mer longtemps après la cessation du vent qui les a agitées.

HUNE, s. f. Plate-forme élevée autour d'un mât.

HUNIER, s. m. Voile de mât de hune.

JAUGER, v. a. Jauger un vaisseau, c'est mesurer sa capacité intérieure dans les parties qui peuvent et doivent seules recevoir des effets ou des marchandises.

JONQUE, s. f. Bâtiment léger en usage en Chine, etc.

JUSANT, s. m. Les marins donnent ce nom au mouvement journalier de la mer que les physiciens appellent le reflux.

KOFF, s. m. Nom d'un bâtiment hollandais.

LARGE, s. m. Un navire prend le large, lorsqu'il se dirige de la terre vers la pleine mer.

LARGUER, v. a. On largue un cordage tendu, lorsqu'on le lâche et qu'on le laisse aller.

LEST, s. m. Assemblage de morceaux de fer, de petits cailloux ou de matières lourdes, qu'on entasse au fond du navire, quand il n'a pas une charge suffisante.

LIEUTENANT DE VAISSEAU, s. m. Grade au-dessous de capitaine de frégate.

LIGNE, s. f. Les marins désignent souvent par ce nom l'Equateur.

LOFFER, v. n. Venir au vent.

LOUVOYER, v. n. Courir successivement sur l'une et l'autre ligne du plus près du vent.

MAISTRANCE, s. f. Corps des maîtres dans l'art de la marine.

MAITRE, s. m. Sous-officier à bord d'un navire.

MANŒUVRE, s. f. Désigne, soit les évolutions d'un vaisseau, soit certains cordages.

MARÉE, s. f. Le flux et le reflux de la mer, marée montante, marée descendante. Ce mot exprime le plus souvent la marée montante.

MISAINE, s. f. Mât vertical le plus en avant.

MORDRE, v. a. On dit qu'une ancre mord le fond, lorsque sa patte s'enfonce dans le sol.

MOUCHE, s. f. Petit bâtiment léger et rapide, détaché d'une armée navale pour aller observer l'ennemi.

MOUILLER, v. n. Un vaisseau mouille, lorsqu'il laisse tomber son ancre sur le fond.

MOUTONNER, v. n. La mer moutonne, lorsque la crête des vagues se couvre d'une écume blanche.

NAGER, v. n. Ramer en faisant usage des avirons pour donner du mouvement au bâtiment.

NAUTIQUE, adj. Relatif à la navigation.

NÉGRIERS, adj. On appelait négriers les navires affectés au transport des nègres achetés en Afrique.

NOLISER, v. a. Prendre un navire à fret ou à loyer.

NOVICE, s. m. Apprenti matelot.

ORIENTER, v. a. Orienter une voile, c'est la disposer de manière que, sous l'impulsion du vent, elle produise sur le navire l'effet le plus avantageux.

OURAGAN, s. m. Tempête violente.

PALAN, s. m. Assemblage de cordes et de poulies dont la combinaison permet d'élever de lourds fardeaux avec de faibles puissances.

PANNE, s. f. Etat d'un navire dont les voiles sont orientées de manière que, leurs efforts opposés étant en équilibre, le bâtiment n'avance presque plus.

PANTENNE (en). Les voiles déchirées et pendantes sont dites être en pantenne.

PAQUEBOT, s. m. Petit bâtiment destiné à porter les paquets.

PARER, v. a. Préparer, et aussi éviter, se soustraire.

PATACHE, s. f. Petit bâtiment qui sert à la douane pour ses excursions et ses visites.

PATRON, s. m. Conducteur d'un petit bâtiment de mer.

PAVILLON, s. m. Drapeau qui flotte à la poupe.

PAVOISER, v. a. Orner un vaisseau de ses pavois et de ses pavillons.

PERDITION, s. f. Un navire est en perdition, quand il est en danger de périr.

PERROQUET, s. m. Les mâts établis au-dessus ou au bout de ceux de hune.

PILOTE, s. m. Homme qui connaît et qui exerce l'art de diriger des vaisseaux en mer, ou dans une rivière.

PIRATE, s. m. Pillard de mer.

POINT, s. m. Faire le point, c'est déterminer le point de la surface de la mer où le navire se trouve.

PONTON, s. m. Grand bateau plat, ou vieux bâtiment rasé, où l'on renferme des prisonniers de guerre.

POULAINE, s. f. Assemblage de pièces de bois terminées en pointe et faisant partie de l'avant d'un navire.

POUPE, s. f. Partie de l'arrière d'un navire.

PRISE, s. f. On donne ce nom à tout bâtiment pris à l'ennemi.

PROUE, s. f. Partie de l'avant d'un navire.

QUARANTAINE, s. f. Jours d'isolement qu'on fait passer aux bâtiments et aux navigateurs embarqués, quand ils viennent de pays infectés ou soupçonnés de contagion.

QUART, s. m. Temps pendant lequel une partie de l'épuipage est de service.

QUARTIER-MAITRE, s. m. Sous-officier.

QUILLE, s. f. Longue pièce de bois qui va de la poupe à la proue du navire.

RADE, s. f. Etendue de mer, enfermée dans la terre, où les navires sont à l'abri des vents.

RADOUBER, v. a. Faire des réparations à un navire.

RÉCIF, s. m. Chaîne de rochers à fleur d'eau.

RELACHE, s. f. Un bâtiment fait relâche dans un port, lorsque, dans sa route, il fait retraite dans ce port.

REMORQUER, v. a. Un navire en remorque un autre en le traînant derrière lui.

RESSAC, s. m. Retour violent des vagues après qu'elles ont frappé contre un obstacle.

RIS, s. m. Œillets d'une voile pour en augmenter ou en diminuer la surface en la pliant ou en la dépliant.

ROULIS, s. m. Inclinaison successive et alternative d'un navire sur un côte et sur l'autre.

SABORD, s. m. Ouverture faite à la muraille d'un vaisseau, par laquelle on tire le canon.

SAINTE-BARBE, s. m. Endroit d'un navire où l'on met la poudre et les ustensiles d'artillerie.

SENTINE, s. f. Partie basse d'un navire dans laquelle les eaux croupissent.

SILLAGE, s. m. Trace que laisse après lui le navire sur sa route.

SLOOP, s. m. Petit bâtiment anglais.

SOMBRER, **v. n.** Se dit d'un navire qui est renversé par un coup de vent.

SONDE, s. f. Instrument qu'on emploie pour reconnaître la profondeur de l'eau.

SOUTE, s. f. Magasins de provisions.

STATION, s. f. Lieu assigné à un vaisseau pour y établir une croisière.

STOP, Impératif d'un verbe anglais qui veut dire arrêter.

TALON, s. m. La partie extrême à l'arrière de la quille.

TANGAGE, s. m. Mouvement alternatif d'un navire de l'avant à l'arrière et de l'arrière à l'avant.

TILLAC, s. m. On appelait ainsi autrefois le pont.

TIMONIER, s. m. Homme chargé de diriger la barre du gouvernail.

TOUER, v. a. Touer un vaisseau flottant, c'est le traîner sur l'eau à l'aide de cordages.

TRIBORD, s. m. Le côté droit du navire, en partant de la poupe.

VAISSEAU, s. m. Ce mot désigne les bâtiments de guerre de premier ordre.

VERGUE, s. f. Longue pièce de bois attachée en travers des mâts pour soutenir les voiles.

VICE-AMIRAL, s. m. Grade après celui d'amiral.

VIGIE, s. f. Matelot en sentinelle au haut d'un mât; écueil à fleur d'eau.

VIRER, v. n. Un vaisseau vire, lorsqu'il tourne sur lui-même.

VOILE, s. f. Pièce de forte toile qui s'attache aux vergues d'un navire.

VOILIER, adj. Un navire est bon ou mauvais voilier, selon qu'il a plus ou moins de rapidité dans sa marche.

YACHT, s. m. Petit bâtiment à voiles et à rames, destiné à des voyages d'agrément.

YOLE, s. f. Petit canot léger, à voiles et à rames.

HISTOIRE

DE

LA MARINE FRANÇAISE.

I

On entend par marine ce qui concerne la navigation sur mer, la science de la navigation. Cette science comprend plusieurs parties distinctes : la construction des navires, la navigation ou l'art de les conduire sur l'Océan, et aussi l'organisation des services, soit pour la marine militaire, appelée la *flotte,* soit pour la marine marchande.

La navigation remonte aux époques les plus reculées ; ainsi que le fait justement observer **M. A.**

Lemercier, l'homme ne put, sans doute, remarquer longtemps qu'une pièce de bois flottait sur l'eau, sans comprendre qu'il lui serait possible de traverser un fleuve avec son secours. Ce premier pas franchi, ajoute M. Lemercier, les pattes palmées des oiseaux aquatiques lui apprirent bientôt l'usage de la rame, et, en voyant les canards, les oies et les cygnes déployer à demi leurs ailes pour remonter un courant, il dut concevoir l'idée de la voile. Peu à peu la botte de joncs se transforma en radeau, le tronc d'arbre se creusa, et la barque, d'abord grossière, fit des rivières et des fleuves des voies naturelles de comunication.

Un progrès immense ne tarda pas à s'opérer. Les habitants des côtes se familiarisaient avec les flots qui venaient se briser à leurs pieds, et le jour arriva où un homme au cœur cuirassé d'un triple airain, selon l'expression d'Horace, s'y élança sur un frêle esquif. Mais le bateau de rivière ne pouvait convenir pour la mer : il fallut arrondir les flancs et la proue du navire, lui donner plus de stabilité par un tirant d'eau considérable, couvrir sa partie supérieure d'une espèce de plateforme, c'est-à-dire d'un pont. A partir de ce moment, on put tenter d'aller d'une île à une autre et de traverser les espaces qui séparent les continents.

Les plus anciens vaisseaux dont on connaisse les formes sont ceux que construisit le roi d'Egypte Sésostris, 1500 ans environ avant Jésus-Christ. On voit encore gravée sur l'un des obélisques de

Thèbes l'image du combat naval que ce prince livra sur la mer Rouge, quand, après avoir équipé une flotte, il entreprit de subjuguer l'Arabie, et il est facile de se convaincre que, dès cette époque, l'art nautique était déjà très avancé. Ces vaisseaux, à en juger par le nombre des soldats et des matelots qui les montaient, devaient avoir de quinze à vingt mètres de longueur. Les extrémités en étaient très relevées, et elles étaient munies de plates-formes que défendaient des palissades et où se tenaient les combattants. De longues files de rames sortaient des flancs des navires, et indiquaient par leur position qu'ils étaient entièrement pontés. Une voile carrée, suspendue à une vergne que soutenait un mât assez haut, se déployait au milieu du bâtiment, et les différents cordages dont elle était pourvue prouvaient que, du temps de Sésostris, on savait déjà utiliser le vent, par une ingénieuse orientation des voiles, pour prendre la direction que l'on voulait. Aucun des vaisseaux figurés sur l'obélisque de Thèbes n'a de gouvernail : il est remplacé par plusieurs de ces rames larges et courtes qui décorent d'ordinaire les statues des marins français ainsi que nos édifices maritimes.

De Sésostris au XIIIᵉ siècle de notre ère, la marine ne fit aucun progrès, en ce sens que les galères du prince égyptien ne diffèrent guère de celle des Grecs, des Romains, dont les navires du moyen-âge ne sont qu'une imitation peu perfectionnée. La raison en est que ces navires répondaient aux besoins d'alors, et suffisaient à la navigation à laquelle ils étaient destinés. Les bâtiments de guerre, comme ceux du commerce, bornaient leurs courses au grand cabotage, et n'allaient que de port en port. L'invention de la boussole permit aux marins de se diriger sur l'immensité des flots.

Ce précieux instrument, dont plusieurs nations se disputent la découverte, consiste dans une aiguille d'acier aimantée qui pivote librement, tout en restant horizontale, sur une pointe placée au centre d'un cercle divisé. D'après certaines propriétés reconnues aux aimants, l'une des extrémités de l'aiguille étant toujours tournée vers un certain point déterminé de l'horizon, le navigateur, en observant l'angle formé par la quille du navire et la direction de l'aiguille, parvient à reconnaître à quelle distance il se trouve du pôle nord, et quelle est la route qu'il a à suivre. La boussole semble avoir été en usage chez les Chinois plus de mille ans avant Jésus-Christ. On ne sait par qui elle fut introduite en Europe. Il paraît qu'elle y était connue vers la fin du xiie siècle, mais l'usage n'en devint général que vers la fin du xiiie.

Quoi qu'il en soit, à partir de ce moment, les voyages de long cours se multiplièrent ; la carène des navires, leurs aménagements intérieurs, leur gréement surtout, se transformèrent entièrement. A côté de la galère, qui ne pouvait que longer les côtes, on vit naître d'autres bâtiments, capables, par la mâture et les voiles, d'affronter les tempêtes et de lutter contre les flots soulevés. L'art nautique subit une révolution complète.

Christophe Colomb, dans ses mémoires, a laissé sur la caravelle qu'il montait des détails qui nous donnent une idée très nette des navires de son temps. La forme de ces caravelles était *très torturée*, c'est-à-dire que la proue et la poupe s'élevaient beaucoup plus au-dessus de l'eau que le milieu. Elles avaient quatre mâts : celui de l'avant, appelé aujourd'hui mât de misaine, portait deux voiles carrées presque semblables à la misaine et au petit hunier modernes ; les trois autres mâts avaient chacun une voile latine ou à antennes. D'après ce que dit Colomb, ces caravelles étaient assez convenablement gréées ; elles se manœuvraient aisément et se comportaient bien à la mer ; leur plus grand défaut, que leur forme du reste explique, était de rouler considérablement lorsqu'elles couraient vent arrière.

Beaucoup se figurent que notre marine ne date sérieusement que de Colbert. C'est là une erreur qu'il convient de rectifier. Nos marins gascons, bretons et normands, dit M. Duruy, avaient bien des fois, avant Jean Bart et Duguay-Trouin, donné la chasse aux corsaires anglais et visité les côtes de l'Angleterre. La marine marchande, elle aussi, avait pris l'essor. Dieppe avait découvert les côtes sud-ouest de l'Afrique, où elle trafiqua bien longtemps avant l'arrivée des Portugais, et ce furent les marins de Bayonne qui créèrent la grande pêche, celle de la baleine. Depuis le commencement des guerres d'Italie, les matelots de Provence et les galères de Marseille avaient rendu à la France d'importants services, surtout le brave et habile Prégent de Bidoulx. En 1513, Prégent fut appelé avec quatre galères de la Méditerranée dans l'Océan, pour s'opposer aux courses des Anglais sur les côtes. Le 25 avril, il tomba dans la flotte anglaise, que commandait le grand amiral Edouard Howard, et se réfugia dans l'anse du Conquet, près de Brest ; l'amiral l'y suivit et vint lui-même l'attaquer à l'abordage. Prégent se prend corps à corps avec l'amiral, le blesse, le jette mort sur le pont de son navire et coule le vaisseau qui le serrait de plus près. Un autre, menacé du même sort, s'enfuit et toute la flotte s'éloigne. Prégent, à son tour, paraît sur les côtes d'Angleterre et ravage le Sussex.

Quelques mois après, une flotte débarqua à Calais l'armée du roi d'Angleterre, Henri VIII, et vint croiser sur les côtes de Bretagne. Elle rencontra, le 10 août, les Français, qui n'avaient qu'une vingtaine de navires bretons et normands sous le commandement de Hervé de Primoguet ou de Portzmogues. Les Anglais étaient deux fois supérieurs en nombre, mais leurs adversaires prirent l'avantage du vent et attaquèrent avec résolution. Un vaisseau français faisait surtout merveille. C'était la *Belle-Cordelière*, qu'Anne de Bretagne avait fait construire elle-même à Morlaix, et orner à grands frais. Primoguet le montait. Entouré de douze vaisseaux ennemis, il avait déjà démâté les uns et contraint les autres à reculer, quand de la hune d'un navire anglais on fit pleuvoir sur lui une masse de feux d'artifice qui l'embrasèrent en un instant. Une partie des matelots et des soldats purent se sauver dans les chaloupes ; mais Primoguet refusa de quitter le bâtiment que la reine lui avait confié. Du moins voulut-il que sa mort coûtât cher à l'ennemi. Il jeta les grappins à l'amiral anglais la *Régente*, qu'il fit sauter avec lui ; la double explosion couvrit la mer de débris et dispersa deux mille cadavres. Cet acte de dévouement héroïque s'accomplit en vue d'Ouessant. Les navires du Croisic achevèrent la déroute des ennemis, que les Bretons poursuivirent jusque sur les côtes d'Angleterre.

La marine militaire, développée par François Ier, retomba si bas sous les règnes suivants, que le cardinal d'Ossat écrivait à Villeroy, en 1596 : « Les plus petits princes d'Italie, encores que la plupart d'eux n'aient qu'un poulce de mer chacun, ont néantmoins chacun des galères en son arsenal naval, et un grand nombre flanqué de deux mers quasi tout de son long n'a pas de quoy se défendre par mer contre les pirates et corsaires, tant s'en faut contre les princes. » D'Ossat révélait en même temps l'importance du port de Toulon. Sully n'avait point de répugnance pour la marine, mais les colonies lointaines l'effrayaient. Les vues de Henri IV allaient plus loin que celle de son ministre. Pour encourager le

commerce avec l'Amérique du Nord, qui s'accrois-
sait à ce point que, en 1578, il était venu, à Terre-
Neuve seulement, cent cinquante navires français,
il envoya Champlain fonder au Canada, en 1604,
Port-Royal, et plus tard, en 1608, Québec, sur le
fleuve Saint-Laurent. Un des grands lacs du pays
a gardé le nom de ce marin; mais le pays lui-
même n'est plus à nous, quoiqu'il ait conservé
notre langue et le souvenir de la mère-patrie.
Henri IV songea même à créer une compagnie des
Indes, assez puissante pour rivaliser avec celles
qui se formaient en Angleterre et en Hollande. Il
n'eut pas le temps de réaliser ce projet; mais il
signa avec la Turquie un traité d'après lequel
toutes les nations chrétiennes pourraient commer-
cer librement dans le Levant sous la bannière et
la protection de la France, et sous les ordres des
consuls français. Ce pavillon était le seul qui fût
respecté sur les côtes barbaresques.

Vers la fin du règne de Louis XIII, en 1637, on
construisit un vaisseau devenu célèbre, parce qu'il
résumait tous les perfectionnements et tous les
progrès jusqu'alors réalisés. Ce vaisseau s'appelait
la *Couronne*. Il avait trois ponts et trois batteries
couvertes; ses trois mâts perpendiculaires et son
beaupré presque horizontal, au lieu d'être d'une
seule pièce, furent pour la première fois fraction-
nés en trois parties, ce qui en rendait le remplace-
ment beaucoup plus facile, en cas de rupture ou
d'avaries, et permettait en outre de les caler au
besoin. Souvent les deux mâts du milieu soute-

naient chacun trois voiles carrées ; celui de l'arrière avait une voile latine, et le beaupré servait de point d'appui à une espèce de petit mâtereau perpendiculaire, où se déployaient, plutôt pour l'apparat que pour l'utilité, deux voiles carrées d'une dimension très étroite. Dans le modèle de ce bâtiment, qui s'est conservé jusqu'à nos jours, les voiles n'offrent aucune trace de ris.

Sous Louis XIV, une flotte, confiée au duc de Beaufort, purgea la Méditerranée des pirates barbaresques, et porta jusqu'auprès d'Alger la terreur des armes françaises. Dans le but de protéger le commerce, Colbert développa la marine au-delà des proportions marquées par les besoins de la France ; il montra tout-à-coup à l'Europe étonnée cent vaisseaux de guerre et une armée de matelots. Les navires espagnols durent baisser leur pavillon devant le nôtre. Duquesne, renouvelant les exploits du duc de Beaufort, chassa, à son tour, les corsaires de la Méditerranée, et foudroya deux fois la ville d'Alger avec des galiotes à bombes nouvellement inventées. Sur le conseil de son illustre ministre, le roi établit des colonies, et favorisa la création de diverses compagnies, qui exploitèrent l'Asie, les Indes occidentales et les côtes d'Afrique ; d'importantes constructions furent ordonnées dans les ports de Brest, de Toulon et de Rochefort.

En 1689, Jacques II, refugié d'Angleterre en France, se rendit en Irlande, dont la population catholique lui demeurait fidèle ; il espérait re-

couvrer sa couronne avec l'aide de Louis XIV.
Château-Renaud lui amena douze vaisseaux de
ligne et huit mille soldats français. L'amiral Tourville vainquit à Beachy la flotte anglo-hollandaise;
mais dès le lendemain, la bataille décisive de la
Boyne ruina les espérances du prétendant. Un peu
plus tard, en 1692, Tourville, obéissant à l'ordre
formel du roi, attaqua, à la Hogue, l'amiral
Russel avec des forces de moitié inférieures à
celles des Anglais : après d'héroïques efforts, ses
vaisseaux furent dispersés; plusieurs échouèrent,
et Russel en brûla treize dans les ports sans défense de la Hogue et de Cherbourg. Les Anglais
continuèrent de nous faire du mal ; mais Duguay-
Trouin et Jean Bart vengèrent, en partie, nos
désastres aux dépens du commerce maritime de
l'ennemi. Le chef d'escadre Pointis alla surprendre la ville de Carthagène, entrepôt des trésors
que l'Espagne tirait du Mexique.

Il faut encore citer parmi les hommes de mer de
cette époque le Béarnais Ducasse, gouverneur de
Saint-Domingue, et Cassart, qui, tombé un jour
avec un seul navire au milieu de quinze bâtiments
ennemis, en démonta deux, puis s'échappa. « Je
donnerais toutes les actions de ma vie, disait un
de nos plus braves chefs d'escadre, pour une seule
des siennes. »

C'était Duguay-Trouin qui parlait ainsi. Il était,
raconte l'éminent écrivain que nous avons déjà
cité, fils d'un armateur de Saint-Malo, né en 1673,
et fit ses premières armes sur des vaisseaux de sa

famille. A dix-huit ans, on lui confia un navire de quatorze canons. Depuis ce jour, il marqua chaque année par des courses plus hardies, par des prises plus nombreuses; mais le temps de la grande guerre était passé quand il fut appelé dans la marine militaire : son brevet de capitaine est de 1706. Alors il n'y avait plus que des combats individuels à soutenir, des convois à enlever, des côtes ennemies à désoler. Duguay-Trouin fit cette guerre comme Jean Bart l'avait faite dix ans auparavant. Il eût pu remplir un rôle plus important. Il en donna la preuve dans son expédition contre Rio-de-Janeiro, qu'il enleva après douze jours d'attaque; soixante navires marchands, trois vaisseaux de guerre, deux frégates et une immense quantité de marchandises furent pris ou brûlés. La ville subit un dommage de plus de vingt-cinq millions. Mais les hauts faits de nos braves marins n'eurent aucune influence sur le sort de la guerre que nous soutenions contre l'Angleterre, la Hollande, l'Autriche et l'Empire, à l'occasion de la succession d'Espagne. En 1706, une flotte française, envoyée sous le maréchal de Tessé pour reprendre Gibraltar, tombé au pouvoir des Anglais, fut détruite par l'ennemi et par la tempête. Ce jour fut le dernier de la marine de Louis XIV.

La guerre de Sept Ans, sous Louis XV, s'ouvrit sous d'heureux auspices pour la France. Le duc de Richelieu s'illustra par la conquête de Minorque et la prise du fort Saint-Philippe, citadelle de

Port-Mahon (1756). L'amiral Byng arrivait avec
sa flotte, composée de quatorze vaisseaux de
ligne, au secours de la ville; arrêté par l'amiral
La Galissonnière, qui en fermait le port, il livra
une bataille, la perdit, et ramena sa flotte endom-
magée à Gibraltar. Cette victoire navale, la plus
glorieuse que les Français eussent remportée depuis cinquante ans, coûta la vie à l'amiral Byng,
dont la conduite avait été irréprochable; les Anglais, néanmoins, imputèrent sa défaite à la
trahison, et il fut fusillé.

Si nous avions lutté sur le continent sans trop
de désavantage, mais aussi sans beaucoup d'honneur, — car la France, l'Autriche et la Russie
combattaient contre le seul Frédéric II, — sur mer
nous étions aux prises avec un ennemi dont
l'écrasante supériorité ne laissait à nos marins que
l'espérance de succès isolés. La victoire de La
Galissonnière ne se reposait plus. Cependant
l'honneur du pavillon fut soutenu dans bon nombre de rencontres partielles. Ainsi, en cette même
année 1756, dans les parages de Rochefort, deux
frégates françaises attaquèrent une frégate et un
vaisseau anglais et les mirent hors de combat.
L'un des capitaines français, Maureville, ayant un
bras emporté, criait de l'entrepont à ses marins :
« Courage, mes amis, grand feu! je défends d'a-
mener. » Il y eut beaucoup de faits semblables.
Mais, tandis que l'Angleterre veillait avec sollici-
tude sur sa marine, le gouvernement français
laissait nos colonies manquer de navires, de sol-

dals, d'argent, et des divisions funestes énervaient la discipline; de là un mauvais service. Les Anglais bloquaient nos ports et opéraient des descentes sur les côtes de Normandie et de Bretagne. Ils perdirent à Saint-Cast cinq mille hommes; mais, l'année suivante, l'amiral La Clue fut battu au cap Sainte-Marie, et l'impéritie de Conflans amena la destruction de la flotte de Brest. En 1763, les Anglais s'emparèrent de Belle-Isle, et tout notre littoral, de Dunkerque à Bayonne, se trouva comme assiégé.

Dans le même temps, Lally, successeur de Dupleix aux Indes, ne put empêcher les Anglais de prendre Madras et Pondichéry, et ce fut le coup de mort pour la domination française dans cette riche contrée. Notre drapeau fut également renversé au Canada. Les marquis de Vaudreuil et de Montcalm enlevèrent, en 1756, les forts Oswégo et de Saint-Georges; mais, en 1759, la colonie manquant de vivres, d'argent et de soldats, la ville de Québec fut prise et le Canada fut perdu pour nous. La France perdit également la Guadeloupe, la Dominique, la Martinique, la Grenade, Saint-Vincent, Sainte-Luce, Tabago, Saint-Louis du Sénégal et l'île de Gorée.

En 1778, au commencement du règne de Louis XVI, la France conclut un traité de commerce avec les Américains, résolus à s'affranchir de l'Angleterre. Une escadre de douze vaisseaux de ligne, commandée par le comte d'Estaing, appareilla à Toulon, et entreprit inutilement de couquérir le Rhode-Island, l'une des places d'armes des Anglais. Une tempête dispersa la flotte, et la prise de quelques-unes des Antilles fut le seul résultat de cette première campagne. Le 27 juillet de la même année, l'amiral français d'Orvilliers rencontra l'amiral Keppel à l'entrée de la Manche, en vue de l'île d'Ouessant. Les deux flottes étaient chacune de trente vaisseaux : elles engagèrent une bataille qui dura tout le jour, et se séparèrent pour se radouber sans avoir perdu un seul bâtiment.

La France conclut, l'année suivante, avec l'Espagne, une alliance qui doubla ses forces navales. Les amiraux d'Orvilliers et don Louis Cordova joignirent leurs flottes, et menacèrent, sans résultat, l'Angleterre d'une descente, tandis que le comte d'Estaing, secondé par le comte de Grasse et la Mothe-Piquet, s'emparait de l'île Saint-Vincent et de la Grenade, et triomphait de l'amiral Byron au combat de Sainte-Lucie.

En 1781, une armée française fut envoyée aux Américains sous Rochambeau, et les alliés eurent une suite de victoires. Les Espagnols prirent Pensacola, dans la Floride, et le comte de Grasse désola les Antilles anglaises. « Il a six pieds, disaient de lui nos marins, et six pieds un pouce les jours de bataille. » Ses succès contribuèrent à ceux que Washington, Rochambeau et La Fayette remportaient sur le continent américain. Le 4 octobre, ils contraignirent le général Cornwalis à capituler dans York-Town. Ce fait d'armes fut déçisif pour l'indépendance américaine. Les Anglais, qui occupaient encore New-York, Savannah, Charlestown, ne firent plus que s'y défendre. En même temps, le marquis de Bouillé leur enlevait Saint-Eustache, le duc de Crillon, Minorque et Suffren, un de nos premiers marins, envoyé aux Indes orientales pour sauver les colonies hollandaises, y gagnait quatre victoires navales (1782). Dans les Antilles, de Grasse voulut enlever aux Anglais la Jamaïque, la seule ville importante qui leur restât; mais attaqué par des forces supérieures, il fut battu et pris. L'habile défense de Gibraltar contre les vaisseaux et les batteries flottantes de la France et de l'Espagne fut un autre échec. Quoi qu'il en fût, l'Angleterre avait perdu son renom d'invincible sur les mers, prodigieusement souffert dans son commerce, accru sa dette de deux milliards et demi. La paix fut signée le 3 septembre 1783. La France avait obtenu un grand et noble résultat : l'indépendance des Etats-Unis.

La Révolution avait improvisé des généraux comme des armées. Mais si le génie de la guerre de terre tient de l'inspiration, la guerre de mer, suivant la remarque de M. Duruy, exige de la science et une longue pratique. Or, tout ce brillant état-major qui avait vaincu l'Amérique, avait émigré; la belle flotte organisée dans les vingt-cinq dernières années de la monarchie était sans chefs : de là notre infériorité dans les combats d'escadre. Le 1er juin 1794, l'amiral Villaret-

2.

Joyeuse, naguère simple capitaine, attaqua, avec vingt-huit vaisseaux, dont les équipages n'étaient composés que de paysans, une flotte anglaise de trente-huit voiles, pour protéger l'arrivée d'un immense convoi de blé. Le convoi passa, et une partie de nos départements furent sauvées de la famine ; mais la flotte fut battue et perdit ses vaisseaux. L'un d'eux, le *Vengeur*, plutôt que d'amener son pavillon, s'engloutit dans les flots au chant de la *Marseillaise.*

Dans ce combat, l'amiral Villaret-Joyeuse montait le vaisseau l'*Océan*, offert à Louis XV en 1760 par les Etats de Bourgogne, et qui subsistait encore il y a quelques années. A moitié brisé et faisant eau de toute part, l'*Océan*, réussit à gagner le port de Brest : on trouva dans ses flancs, en le réparant, plus de cinq cents boulets ennemis.

En 1798, l'amiral Nelson porta un coup terrible à notre marine. Le général Bonaparte venait de remporter en Egypte la bataille de Chébreiss, plus connue sous le nom de bataille des Pyramides. La nouvelle du désastre de la flotte vint le surprendre au milieu de ses travaux pour organiser le pays. Il avait recommandé à Brueys de quitter la rade d'Aboukir. Un funeste retard permit aux Anglais d'arriver. La ligne d'embossage n'avait pas été formée assez près du rivage; la moitié de la flotte anglaise pouvait passer entre elle et la terre, tandis que l'autre moitié passerait entre elle et le large. Ce fut la manœuvre audacieuse que tenta Nelson, et elle réussit. Chacun de nos vaisseaux de l'aile gauche, immobile sur ses ancres, eut à soutenir, des deux côtés, le feu de toute la flotte ennemie, qui s'avançait lentement, détruisant un à un nos navires. Le commandant de notre aile droite, Villeneuve, eût pu imiter ce mouvement et replier son escadre sur l'aile gauche de Nelson, pour mettre celle-ci entre deux feux, comme l'était la tête de notre ligne. Le signal lui en fut donné ; mais la fumée l'empêcha de l'apercevoir ou le vent de l'exécuter, et quand il vit l'*Orient* prendre feu et sauter, deux autres de nos bâtiments couler bas, il s'éloigna avec deux vaisseaux et deux frégates, et se réfugia à Malte. Brueys, grièvement blessé, avait refusé de descendre dans l'entrepont, disant qu'un amiral doit mourir sur son banc de quart. Il fut emporté par un boulet. La flotte française était anéantie (1er août).

Le premier consul s'était promis de relever notre marine et notre commerce; il était donc naturellement conduit à la pensée de relever aussi notre empire colonial. En 1803, il voulut recouvrer Saint-Domingue. Il envoya, sous les ordres du général Leclerc, son beau-frère, une expédition considérable contre le noir Toussaint-Louverture qui, nommé par lui gouverneur de l'île après sa victoire sur les mulâtres, s'était déclaré indépendant et s'appelait le Bonaparte des noirs. Le roi nègre ne put résister ; il fut pris, conduit en France et renfermé au fort de Joux, où il mourut. Christophe et Dessalines, ses successeurs, chassèrent les Français et fondèrent la république d'Haïti (1804).

Bonaparte avait signé, en 1802, la paix d'Amiens. L'Angleterre la rompit au mois de mai de l'année suivante, et comme elle seule bravait la colère du conquérant à qui la Révolution mettait deux couronnes sur la tête, Napoléon put appliquer à un projet de descente sur ses côtes ses ressources et son génie. Des flottilles de chaloupes canonnières, de bateaux plats et de péniches sortirent soudain des grandes rivières et de tous les ports de la côte, et furent dirigés vers le Pas-de-Calais : douze cents à treize cents bâtiments furent concentrés ainsi à Boulogne et dans les environs ; cent cinquante mille hommes se rangèrent à proximité. L'amiral Villeneuve, sorti de Toulon avec toutes les forces de ce port, devait rallier en passant l'escadre espagnole de l'amiral Gravina à Cadix, aller aux Antilles, faire beaucoup de bruit de ce côté, y attirer Nelson, qui gardait la Méditerranée, et, avant d'être atteint par lui, remonter vers l'Europe, débloquer l'escadre du Ferrol, celle de Brest, enfin entrer dans la Manche, avec cinquante vaisseaux, qui fussent restés maîtres du détroit jusqu'au moment où l'amirauté anglaise eût pu réunir ses flottes éparses sur toutes les mers. Mais, avant ce moment, la flottille passait, et avec elle cent cinquante mille soldats et le sort du monde. Tout réussit d'abord à souhait. Mais Villeneuve, à son retour en Europe, se laissa arrêter, à la hauteur du cap Finisterre, en Galicie, par une bataille avec l'amiral Galder, et, n'ayant pas le courage de continuer sa route, il revint réparer ses avaries à Cadix, où il fut bientôt bloqué. Au moment où ce plan magnifique échouait, l'Empereur apprit que l'or anglais avait formé une coalition nouvelle. Il quitta, en frémissant, la mer pour la terre, et commença l'immortelle campagne de 1805.

Cette campagne fut féconde pour nous en triomphes sur le continent; mais nous essuyâmes sur mer une défaite qui causa la ruine complète de notre marine. Les flottes combinées de France et d'Espagne, sous le commandement de l'amiral Villeneuve, comme au cap Finisterre, perdirent de nouveau, le 20 octobre, la célèbre bataille de Trafalgar. Trente-deux vaisseaux franco-espagnols furent battus par vingt-huit vaisseaux anglais, placés sous les ordres de Nelson; treize seulement échappèrent au désastre de la flotte combinée. Cette immense victoire, qui coûta la vie à l'amiral anglais, assura la souveraineté des mers à l'Angleterre, et ce ne fut plus sur cet élément que Napoléon tenta d'ébranler sa puissance.

II

Les anciens ont entièrement ignoré qu'il existât, dans la vapeur d'eau fortement chauffée, une force élastique, capable d'être utilisée comme agent moteur. C'est à la science moderne qu'appartient exclusivement la création de ces puissants appareils mécaniques. La première machine à vapeur

fut imaginée par l'immortel Denis Papin, né à
Blois en 1645, mort vers l'année 1714. Contraint
de s'expatrier à l'époque de la révocation de l'édit
de Nantes, ce fut en Angleterre, en Italie. et en
Allemagne, qu'il réalisa le plus grand nombre de
ses inventions. En 1807, il installa une de ses
machines sur un bateau muni de roues, mais les
bateliers du Weser mirent ce bateau en pièces, et
l'illustre inventeur, à partir de ce moment, retiré
à Londres, mena dans cette ville une existence
malheureuse.

Sans rappeler les noms de ceux qui ont glorieu-
sement marché sur les traces de Papin, et parmi
lesquels on ne saurait oublier l'Ecossais Jean
Watt, devenu de simple ouvrier mécanicien, d'un
des hommes les plus illustres de la Grande-Breta-
gne, nous arrivons tout de suite à ce qui concerne
les machines de navigation.

L'emploi de la voile et des rames, dit M. Louis
Figuier, présente, dans une foule de circonstances, de graves inconvénients. Les voiles et les
rames assujétissent les navires à une marche lente
et souvent pénible, retardée par les vents contraires, arrêtée par le calme. Aussi a-t-on de tout
temps désiré pouvoir disposer à bord des navires
d'une force motrice propre, indépendante des
éléments extérieurs ou du travail humain. Vers le
milieu du siècle dernier, la découverte de la machine à vapeur vint apporter à la navigation le
moteur depuis si longtemps désiré. La machine à
vapeur fixe était à peine créée, que, de tous les

côtés, on cherchait à l'utiliser dans la marine, afin de substituer à l'emploi de la rame et des voiles la force qui rendait déjà tant de services pour les travaux des ateliers. Cependant l'appropriation de la machine à vapeur à la propulsion des navires présentait dans la pratique beaucoup de difficultés ; un temps considérable s'écoula, par suite, avant que l'industrie des hommes parvînt à appliquer avec sécurité et économie la puissance de la vapeur à la navigation sur les fleuves et sur la mer.

Le premier essai pratique de la navigation au moyen de la vapeur est dû à un Français, au marquis de Jouffroy, qui installa sur un bateau une machine à simple effet, telle que Watt l'avait perfectionnée. Après plusieurs tentatives faites à Paris, en 1775, et continuées par lui, en 1776, sur le Doubs, à Beaume-les-Dames, le marquis de Jouffroy fit construire à Lyon, en 1780, un bateau à vapeur de quarante-six mètres de long. Le 15 juillet 1783, ce bateau fit une expérience décisive sur les eaux de la Saône ; il navigua avec succès sous les yeux de mille spectateurs. Deux cylindres à vapeur mettaient en mouvement, par les tiges des pistons, deux espèces de rames articulées qui pouvaient s'ouvrir et se refermer alternativement au sein de l'eau. Toutefois, cette tentative n'eut pas de suites sérieuses. Née en France, l'application de la vapeur à la navigation demeura fort longtemps négligée dans notre pays.

En Amérique, deux constructeurs, John Fitch et

James Ramsey, firent de nombreuses recherches pour employer la vapeur comme moyen de propulsion sur les fleuves; mais leurs efforts n'aboutirent à aucun résultat positif. Leurs travaux embrassèrent la période de 1781 à 1792.

En Ecosse, Patrick Miller, James Taylor et William Smington s'efforcèrent, en 1787, d'atteindre le même but; ils échouèrent aussi dans leurs tentatives.

C'est à Robert Fulton, ingénieur américain, qu'appartient le mérite et la gloire d'avoir créé, dans ses conditions pratiques, la navigation par la vapeur.

Fils de pauvres émigrés irlandais, d'abord apprenti chez un joaillier de Philadelphie, le jeune Fulton, doué de quelques talents pour la peinture et le dessin, avait tiré de son pinceau ses premiers moyens d'existence. A l'âge de vingt ans, il était peintre en miniature à Philadelphie. En 1786, il partit pour l'Europe, et se rendit en Angleterre, où, son goût pour la mécanique se développant de plus en plus, il abandonna sa profession de peintre pour devenir ingénieur. Pendant le séjour de quinze années qu'il fit en Europe, tant en Angleterre qu'en France, Fulton se distingua par un grand nombre d'inventions mécaniques d'un ordre varié. Mais le problème de la navigation par la vapeur, qu'il aborda en 1786, fut le but principal de ses travaux.

Par ses persévérantes recherches, par l'étude approfondie à laquelle il se livra, des causes qui avaient empêché le succès des tentatives de ses nombreux devanciers, Fulton parvint à réussir là où tant d'autres avaient échoué. Au mois d'août 1802, un bateau à vapeur, construit par l'ingénieur américain, fut essayé sur la Seine, en plein Paris. Cependant Fulton, n'ayant pas trouvé en Europe les encouragements qu'aurait dû rencontrer son admirable invention, retourna en Amérique, après avoir pris toutes les mesures nécessaires pour utiliser dans son pays cette grande découverte.

Le 10 août 1807, le *Clermont*, bateau construit par Fulton, fut lancé sur la rivière de l'Est, à New-York. Ce bateau, qui présentait la plupart des dispositions mécaniques employées encore de nos jours, décida l'adoption de la navigation par la vapeur aux Etats-Unis. Dans les divers Etats de l'Union américaine, cette navigation prit bientôt un grand développement, sous l'inspiration et grâce aux efforts continuels de Fulton : quand il mourut, en 1815, on avait pu apprécier les immenses résultats de sa découverte. Les essais tentés à la même époque en Angleterre avaient eu un égal succès. En 1818, Dawson établit un bateau pour faire le service entre Gravesend et Londres. En France, le 26 août 1816, pendant les fêtes célébrées en l'honneur du mariage du duc de Berry, un bateau à vapeur fut lancé au Petit-Bercy, et il parcourut la Seine, aux applaudissements de la population. Plusieurs sociétés se formèrent. Le capitaine Andriel alla, pour l'une d'elles, acheter un bateau en Angleterre, et tenta

3

la traversée de la Manche. Une tempête furieuse
l'assaillit, mais il put maîtriser les flots et les
vents, et le capitaine Andriel put venir amarrer
son paquebot au quai du Louvre. La vapeur pouvait donc remplacer la voile. Un navire américain le prouva encore en accomplissant heureusement la traversée de Savannah à Liverpool (1819).
En 1825, un steamer anglais, l'*Entreprise*, fit le
voyage des Indes. De 1825 à 1830, nos rivières et
nos ports de mer reçurent un service régulier de
bateaux.

La navigation par la vapeur se répandit promptement dans l'Europe. Vingt ans après ses modes-
tes débuts en Ecosse, elle avait pris chez toutes les
nations une extension immense. Les fleuves, les
rivières se couvraient de pyroscaphes, et bientôt
toutes les mers en furent sillonnées. Aujourd'hui
la marine à vapeur tend à faire disparaître la marine à voiles, à cause des avantages pratiques, de
l'économie et de la rapidité qui sont propres à ce
genre de moteur.

Deux principaux moyens mécaniques sont mis
en usage pour la propulsion des bateaux à vapeur :
les *roues à aubes* ou *à palettes*, et l'*hélice*.

L'emploi, dans la navigation, des *roues à aubes*
ou *à palettes*, remonte à une époque très an-
cienne. On trouve dans quelques écrivains latins
la description des roues à aubes, mues par des
bœufs, et qui fonctionnaient sur des radeaux ou
des navires. Papin, sur son bateau de 1707, em-
ployait deux roues à aubes comme moyen propul-

seur. Le bateau à vapeur de Lyon, du marquis de Jouffroy, avançait à l'aide de ces roues. Fulton adopta les roues motrices, et depuis on les a très longtemps conservées d'une manière exclusive.

L'*hélice* est d'une invention beaucoup plus récente. En 1752, le mathématicien Daniel Bernouilli parla le premier d'appliquer aux navires un moteur de forme hélicoïde. En 1768, Paucton, ingénieur français, proposait de remplacer par des hélices les rames des bateaux.

En 1803, un mécanicien natif d'Amiens, Charles Dallery, avait adapté deux hélices à un petit bateau qu'il avait commencé à construire sur la Seine, à Paris, afin d'essayer de résoudre le problème de la navigation par la vapeur; mais les fonds lui manquèrent pour pousser plus loin cette tentative.

Beaucoup de mécaniciens, tant en France qu'en Angleterre, se sont occupés, après Dallery, de substituer l'hélice aux roux à aubes, dans la navigation par la vapeur. C'est un Français, le capitaine du génie Delisle, qui a démontré avec la plus grande évidence, par des considérations théoriques, la supériorité de l'hélice sur les roues.

En Angleterre, les constructeurs Smith et Rémie ont fait les premières expériences heureuses avec une hélice substituée aux roues à palettes.

La disposition actuelle de l'hélice, c'est-à-dire l'hélice simple à une seule révolution, a été essayée et proposée par un constructeur de Boulogne, Frédéric Sauvage. Malheureusement, notre compatriote ne put parvenir à exécuter ses essais sur une échelle suffisante. Il mourut en 1857, à Paris, dans une maison d'aliénés. Détenu dans la prison pour dettes de Boulogne, il avait assisté de sa fenêtre aux expériences que faisait dans ce port le commandant du navire anglais le *Rutler* pour apprécier la valeur du système de l'hélice simple, et ce spectacle, si déchirant pour un inventeur, avait ébranlé sa raison.

Le premier bateau à vapeur français à hélice a été construit au Hâvre, en 1843, par M. Normand. Depuis lors, l'emploi de ce moteur n'a cessé d'être en faveur dans notre marine, et chez presque toutes les nations maritimes du monde il a presque entièrement détrôné les roues. Néanmoins, dans les paquebots qui parcourent les rivières et les fleuves, on substituerait difficilement l'hélice aux roues à aubes. On peut donc dire, pour résumer ce qui précède, que l'hélice est aujourd'hui le moyen propulseur généralement employé pour la navigation maritime, et que les roues à palettes restent affectées à la navigation sur les rivières et les fleuves.

L'hélice se place dans l'eau, au-dessous de la ligne de flottaison du navire. Mise en mouvement par la machine à vapeur, elle produit l'effet des rames, et fait avancer le bâtiment par l'impulsion réactive qu'elle communique au liquide, au milieu duquel elle tourne avec une rapidité prodigieuse.

Le système de machines à vapeur dont il est fait

usage dans la navigation diffère, selon que le bateau est pourvu de roues ou d'une hélice.

On emploie habituellement, pour mettre en action les bateaux à roues, la machine à condenseur, telle à peu près que Watt l'a établie, et semblable, dans toutes ses parties essentielles, à celle que nous voyons fonctionner dans beaucoup d'ateliers et d'usines. On la remplace quelquefois par *la machine à cylindre horizontal*, dont le mécanisme est plus simple, en ce qui a rapport au renvoi du mouvement.

Quand l'agent propulseur est l'hélice, la machine de Watt ne peut pas convenir, parce qu'elle ne saurait fournir commodément l'énorme vitesse qu'il faut imprimer à ce moteur dans l'eau. On a recours alors à des systèmes particuliers de machines dans lesquels la force de la vapeur agit directement sur l'arbre tournant de l'hélice.

Bon nombre de navires sont actuellement pourvus d'une hélice : ils échappent ainsi aux dangers auxquels la rupture d'une roue, brisée par le canon de l'ennemi ou par toute autre cause, exposait autrefois le bâtiment à vapeur.

III

En 1828, la Russie faisait la guerre à la Turquie dans le but de délivrer la Grèce. L'Angleterre s'unit à elle pour agir par mer. La France, de son côté, offrit un corps de troupes destiné à reprendre les villes occupées par les Turcs, et la Grèce fut sauvée ; son indépendance fut reconnue par les divers Etats européens. Mais elle consacra en discussions intérieures l'énergie qu'elle avait retrouvée, et, à la faveur de l'anarchie qui la désolait, de nombreux forbans infectèrent les mers qui l'avoisinent : il fallait que le gouvernement français déployât ses forces navales pour protéger les bâtiments de commerce naviguant dans ces parages. Divers engagements eurent lieu, et plusieurs bâtiments montés par des forbans furent capturés ou obligés de prendre la fuite.

Vers la fin du mois d'octobre 1829, la gabarre royale la *Lamproie* arrêta sur les côtes de Syrie un brick pirate grec, ayant soixante-dix hommes d'équipage et nommé le *Payanoti*. La frégate la *Magicienne* prit à bord l'équipage des corsaires, moins six hommes qu'on y laissa, et elle y mit un officier et quinze hommes. Cet officier était l'enseigne Bisson, de Lorient; l'un des quinze hommes était le pilote Trémentin, également Breton. Dans la nuit, le mauvais temps sépara les deux navires, et le *Payanoti* fut contraint de relâcher à l'île de Stampalie. En arrivant au mouillage, deux des Grecs restés à bord réussissent à se sauver à terre. L'enseigne Bisson ne doute pas qu'on ne vienne bientôt l'attaquer. Son premier soin est de se préparer à une vigoureuse résistance, mais son courage ne l'aveugle pas : il sait que la force peut triompher de la valeur, et il ne veut pas même céder à la force. Il a tout prévu, tout préparé.

— Pilote, dit-il en s'adressant à Trémentin, promets-moi, si la fortune nous est contraire, de faire ce que je ferai moi-même si je ne succombe pas dans le combat : fais sauter le bâtiment.

Trémentin le jure sur l'honneur. Cependant, à dix heures du soir, deux grands navires attaquent avec fureur le *Payanoti*. Quinze hommes luttent avec intrépidité contre cent trente et balancent longtemps la victoire ; le nombre l'emporte enfin, Neuf Français tombent, le pont est envahi. Alors Bisson, blessé, couvert de sang, s'échappe de la mêlée.

— Amis, dit-il aux Français qui combattent encore, sauvez-vous, jetez-vous à la mer.

Puis se tournant vers Trémentin, il ajoute :

— Adieu, pilote ; voici le moment d'en finir.

En même temps, il se précipite dans la chambre où d'avance il a lui-même tout préparé ; il prend la mèche et met le feu aux poudres. Le navire saute, Bisson périt au milieu de ses débris ; mais, suivant l'observation de M. Ambroise Rendu, en mourant pour ne pas laisser tomber aux mains de l'ennemi un vaisseau conquis par les Français, il a immortalisé son nom et mérité la reconnaissance de sa patrie.

Le 3 avril 1830, le ministre de la marine monta à la tribune de la Chambre des députés pour rendre compte de ce fait glorieux ; l'émotion s'empara de l'assemblée entière ; des bravos éclatèrent de toutes parts.

Le courageux Trémentin reçut la croix d'honneur, et d'honorables récompenses furent distribuées aux matelots qui s'étaient échappés avec lui. Une statue fut élevée au brave officier sur une des places de Lorient, et une loi fut rendue pour accorder une pension à sa mère.

Les corsaires qui exerçaient leurs brigandages dans la Méditerranée trouvaient surtout un refuge à Alger. A l'arrivée de Hussein au pouvoir, leur audace surtout à l'égard des navires français, devint excessive. Le 30 avril 1829, un coup d'éventail fut donné par le dey à notre consul, M. Deval, et cette nouvelle excita en France une indignation profonde. L'irritation s'accrut encore quand on apprit que, sans respect pour le drapeau parlementaire, Hussein avait ordonné de canonner le vaisseau la *Provence*, au moment où il sortait du port ; la guerre fut déclarée.

Une armée de trente-cinq mille hommes fut organisée sans retard, et placée sous les ordres du comte de Bourmont, ministre de la guerre ; le vice-amiral Duperré reçut le commandement de la flotte. Le 30 avril 1830, les troupes étaient réunies à Toulon ; elles étaient toutes embarquées le 17 mai, mais des vents contraires s'opposèrent pendant huit jours au départ. Enfin la flotte mit à la voile le 25, dans l'après-midi. Le 30 au soir, elle n'était plus qu'à quelques lieues d'Alger, quand le temps contraignit l'amiral d'aller relâcher à Palma. Il y resta jusqu'au 10 juin, faute de vent. Le 14, à trois heures du matin, nous étions en vue de la pointe de Sidi-Ferruch. Le débarquement s'opéra avec une promptitude admirable, et le drapeau français fut planté, après une lutte de quelques heures, sur les rivages où ses couleurs devaient désormais flotter. Le 18, l'armée de Hussein s'avança pour jeter les Français à la mer, elle fut complètement battue. Bientôt ralliés, les Algériens revinrent à la charge le 24, mais sans plus de succès. Le 28, nous couronnions les hauteurs qui dominent Alger; le 30, on ouvrait la tranchée devant la plus redoutable forteresse, le *château de l'Empereur;* le 24 juillet cette forteresse était détruite par notre artillerie, et Alger, menacé d'un bombardement, capitulait. Le trésor amassé par les deys paya les frais de cette expédition, qui détruisait à jamais la piraterie, nous donnait un nouveau port sur la Méditerranée et nous établissait en Afrique, où nos armes, jointes à notre civilisation, allaient nous conquérir une belle et riche colonie. Une partie des navires de la flotte rentrèrent en France.

En 1838, deux navires de guerre, la *Créole* et la *Néréide* furent envoyés au Mexique pour venger des outrages essuyés par nos nationaux. Le prince de Joinville était à bord de la *Créole,* avec le grade de capitaine de corvette. Le contre-amiral Baudin commandait l'expédition : il avait sous ses ordres des officiers parmi lesquels MM. Romain-Desfossés et Charner sont parvenus à la première dignité dans la marine. Les deux navires partirent de Brest au mois de septembre, et, après une traversée d'un mois et demi, ils mouillèrent en avant du fort de Saint-Jean d'Ulloa, qui défend la Vera-Cruz. Ce fort n'est éloigné de la ville que d'un kilomètre au plus; il passait dans le pays pour imprenable.

Le président de la république mexicaine, Santa-Anna, ayant refusé d'accorder les satisfactions qui lui étaient demandées, les navires reçurent l'ordre de s'approcher à une distance convenable, et leurs canons ouvrirent le feu. Les premiers boulets ne firent pas plus contre les murailles qu'une balle contre un rocher. Mais les canonniers tiraient juste; à force de frapper toujours au même point, ils finirent par détacher un peu de chaux, puis des pierres d'un mince volume. Une pierre plus grosse tomba ensuite, et enfin une brèche fut pratiquée. Les troupes de débarquement s'avancèrent dans des canots, sous une pluie de mitraille; mais personne ne songeait à reculer, et, un instant après, la colonne d'assaut se précipitait à la brèche, au cri de · Vive la France! Le combat fut rude à l'intérieur; le prince de Joinville ne dut la vie qu'à la présence d'esprit d'un matelot, qui abattit d'un coup de sabre le bras d'un ennemi prêt à lui fendre la tête avec sa hache. Rien ne put résister à l'élan des Français, et bientôt notre drapeau flotta au sommet de la forteresse. C'était le 27 novembre. Quelques jours après, le prince de Joinville, à la tête d'un détachement de matelots, força les portes de la Vera-Cruz, et prit de sa main, au milieu d'une vive fusillade, le général ennemi. Cette belle conduite lui valut la croix de la Légion-d'Honneur, et il fut promu au grade de capitaine de vaisseau. Le gouvernement mexicain signa, le 9 mars 1839, une paix qui satisfaisait aux réclamations de la France. Malheureusement, dans ce pays sans cesse bouleversé, les mêmes excès ne devaient pas tarder à recommencer.

Depuis la prise d'Alger, la guerre était continuelle en A'rique, car si nous étendions d'année en année notre territoire, ce n'était qu'en soutenant des luttes souvent terribles contre la race belliqueuse des Arabes. En 1844, le duc d'Aumale et le duc de Montpensier combattaient ensemble, sous le commandement du maréchal Bugeaud. Au mois de juin, des difficultés s'étant élevées entre le gouvernement français et l'empereur du Maroc, le prince de Joinville se porta, sur le *Pluton*, devant Tanger, et fit embarquer notre consul, M. de Nion, ainsi que sa famille, et un certain nombre de nos compatriotes, puis il envoya le bateau à vapeur le *Véloce* le long de la côte occidentale du Maroc jusqu'à Mogador, pour recueillir également nos agents consulaires et nos nationaux.

Le 5 août, le prince de Joinville reçut l'ordre de bombarder Tanger A cette nouvelle, des cris de joie furent poussés par nos braves marins, impatients de laver l'insulte faite à notre pavillon et de montrer notre puissance. Le lendemain, à deux heures du matin, le branle-bas eut lieu à bord de tous les bâtiments de l'escadre, sans tambours ni trompettes ; les bateaux à vapeur allumèrent leurs feux et prirent leurs dispositions pour les remorquer. A trois heures, la division entière se mit en mouvement ; à neuf heures, le feu fut ouvert. Quatre-vingts pièces y répondirent de la place, mais, à onze heures, tous les forts avaient cessé de tirer et étaient abandonnés. Dans l'après-midi, l'escadre se rallia au mouillage, et l'on se prépara à aller bombarder Mogador.

Le prince arriva le 11 devant cette ville ; mais, vu l'état de la mer, il lui fallut attendre quelques jours pour attaquer. Enfin, le 5, le temps s'étant embelli, il se hâta de profiter d'une occasion favorable, et, vers une heure de l'après-midi, le *Jemmapes*, le *Triton*, le *Suffren*, et la *Belle-Poule* prirent la position qui leur était assignée. Les Arabes tirèrent, sans qu'on leur répondît, et, à quatre heures, quand le feu commença à se ralentir, les bricks le *Cassard,* le *Volage* et l'*Argus* entrèrent dans le port et engagèrent avec les batteries de l'île voisine une lutte sérieuse. A cinq heures et demie, les bateaux à vapeur donnèrent dans la passe et le débarquement fut effectué immédiatement dans l'île, qui fut prise à la suite d'un combat très vif. Les batteries de la ville qui regardaient la rade furent ensuite détruites. Le prince fit occuper l'île et fermer le port. Pendant ce temps-là, le maréchal Bugeaud remportait sur les Marocains la victoire de l'Isly, qui lui valut le titre de duc. C'était, dans l'opinion de l'armée, la consécration de notre conquête de l'Algérie, et l'on espérait qu'elle amènerait la conclusion de nos différends avec le Maroc.

Le gouvernement français avait voulu imiter l'Angleterre, qui prenait partout des positions pour son commerce. En 1841, notre marine s'empara de Nossi-Bé, dans les mers de l'Océanie; en 1842, elle obtint la cession de Mayotte, île facile à défendre, qui offrait à nos vaisseaux une station dans le voisinage de l'île Bourbon et de Madagascar. On avait l'intention de s'établir dans la Nouvelle-Irlande, mais l'Angleterre prit les devants et y planta son pavillon. Le contre-amiral Dupetit-Thouars fut chargé d'occuper les îles Marquises, qui n'offraient pas les mêmes avantages que la Nouvelle-Zélande. Aussi l'amiral résolut-il de leur adjoindre les îles de la Société, bien plus utiles à notre commerce. Taïti, la principale de ces îles, était gouvernée par la reine Pomaré et soumise depuis longtemps à l'influence des Anglais, par l'intermédiaire des missionnaires marchands. Des injures faites à nos nationaux motivèrent une intervention de l'amiral français; la reine Pomaré, effrayée, se mit sous notre protection. Un traité conclu à Taïti, le 9 septembre 1842, fut ratifié à Paris, le 28 avril 1843. Mais les missionnaires et les négociants anglais ne tardèrent pas à exciter la reine contre nous, et à la suite de certains actes d'hostilité, Dupetit-Thouars se crut en droit d'occuper définitivement Taïti. Les sociétés bibliques, en Angleterre, élevèrent la voix en faveur de Pritchard, missionnaire—pharmacien consul, principal organisateur des troubles, qu'on avait avec raison, mais violemment, expulsé.

Le gouvernement français, par son imprudence et sa faiblesse, fit d'un incident à peine digne d'attention une grave question, qui, comme le fait remarquer M. Ducoudray, devint pour l'opposition une occasion d'attaquer avec véhémence la politique extérieure. Le désaveu de l'amiral Dupetit-Thouars, l'indemnité votée par la Chambre au consul Pritchard passionnèrent beaucoup le pays (1844).

IV

L'Empire avait eu à peine le temps de s'établir que nous étions contraints de nous engager dans une guerre contre la Russie, décidée à s'emparer de Constantinople. Il s'agissait d'une croisade de la civilisation contre la barbarie : le 7 mars 1854, le Corps législatif vota, par acclamations et à l'unanimité, le projet de loi qui autorisait le ministre des finances à emprunter une somme de cinquante millions pour faire face aux dépenses. L'armée, comme la nation, accueillit cette nouvelle avec enthousiasme; chacun comprenait qu'on allait se battre sur le Danube pour ne pas avoir à marcher, dans quelques mois, sur le Rhin.

L'avant-garde de l'armée s'embarqua à Marseille, le 20 mars, sur le *Christophe-Colomb* et l'*Africain*. Des navires étaient équipés en toute hâte dans les ports militaires, et de nombreux bateaux descendaient chaque jour le Rhin, transportant des hommes, des chevaux et du matériel.

L'Angleterre s'était alliée à nous. Les batteries

d'Odessa ayant tiré sur une frégate et une embarcation anglaise portant pavillon parlementaire, les deux escadres combinées partirent de Kavarna, résolues à punir cette inqualifiable agression. Le 20 avril, les navires anglais et français jetèrent l'ancre à trois milles dans l'est de la ville, et le gouverneur, le baron d'Osten-Sacken refusant de donner réparation du procédé dont il avait usé à l'égard des escadres, le 22 au matin, huit frégates, dont trois françaises, se dirigèrent sur le port impérial, et, à six heures et demie, quatre ouvrirent leur feu sur la batterie de terre. A dix heures, les quatre autres frégates se joignirent aux premières, et l'action devint générale. En ce moment, les amiraux firent signe à ces navires de rallier l'escadre. L'incendie avait gagné la batterie du môle impérial, la poudrière avait sauté, une quinzaine de bâtiments étaient presque tout coulés ou en feu; les établissements de la marine étaient également en feu ou très endommagés par les obus. Le châtiment infligé aux autorités militaires d'Odessa, en raison de l'attentat dont elles s'étaient rendues coupables, avait été complet. Ni les trente mille hommes de la garnison, ni les soixante-dix canons de sa forteresse, n'avaient pu préserver le port impérial du désastre qui lui était réservé; le 23, les établissements bombardés fumaient encore.

La France et l'Angleterre avaient résolu d'attaquer la Russie sur les deux points où elle donne prise aux puissances occidentales : la mer Baltique et la mer Noire. Une flotte anglaise, commandée par l'amiral Napier, était partie dès le 11 mars pour la Baltique; une flotte française l'avait rejointe le 13 juin, et toutes deux s'étaient portées devant Cronstad, où elles avaient bloqué la flotte russe. Mais l'attaque de Cronstad était impossible; les navires ne pouvaient en approcher. Les alliés se retournèrent contre les îles d'Aland et songèrent à détruire le fort de Bomarsund. Un corps de troupes françaises, sous les ordres du général Baraguay-d'Hilliers, s'embarqua à cet effet sur des navires anglais. L'Empereur voulut lui-même prendre congé du général et de ses soldats. Il quitta Paris le 14 juillet, et lendemain il passa à Boulogne la revue des troupes. La division partit le 16, débarqua le 8 août, non loin de la forteresse, devant laquelle le génie, sous la direction du général Niel, commença les opérations.

Ce vaste établissement militaire, qui assurait à la Russie la domination de la Baltique, se composait d'un ouvrage demi-circulaire, percé de deux rangées d'embrasures, au nombre de cent huit, et était réellement redoutable; non-seulement, en effet, les batteries étaient admirablement servies par une garnison nombreuse, mais encore le granit des murailles offrait une résistance puissante au boulet et à la bombe. En dépit de ces obstacles, l'action combinée de l'infanterie et de l'artillerie des vaisseaux amena, le 16 août, la reddition de la forteresse. L'approche de l'hiver obligea les flottes à se retirer. C'était à l'autre extrémité de l'empire moscovite que les grands coups devaient être frappés.

Le 14 novembre, une tempête maltraita horriblement nos navires dans la mer Noire. Nous perdîmes le *Henri IV* et le *Pluton*, dont les équipages furent heureusement sauvés. Le vaisseau amiral la *Ville-de-Paris* et le *Friedland* eurent leur gouvernail emporté. Plusieurs transports français, chargés de bestiaux pour l'armée, se brisèrent à la côte, entre le Bosphore et Varna. Après l'ouragan, les Russes arrivèrent comme des vautours sur la plage de Katcha, dans l'espoir de piller les bâtiments naufragés, mais on les repoussa à coups de canon. D'autres vinrent tirer sur le *Henri IV;* l'équipage, resté à bord, les laissa approcher et leur lança, au bon moment, une bordée qui leur ôta l'envie de tenter une seconde fois l'épreuve.

Le 16 mai 1855, le général Pélissier succéda, dans la conduite du siège de Sébastopol, au général Canrobert, qui, épuisé par les fatigues d'un commandement exercé dans des circonstances si difficiles et sous le poids d'une si grande responsabilité, renonça à l'autorité avec une résignation et une modestie véritablement admirable. C'était là un trait de patriotisme digne de l'antiquité. L'histoire nous montre Scipion l'Africain servant en qualité de lieutenant sous le consul Lacius, son frère; mais ce fait s'explique par les liens du sang, et il n'a rien de comparable à l'acte du général Canrobert, sollicitant lui-même un emploi secondaire dans l'armée dont il était le commandant en chef.

Dans la nuit du 22 au 23, des ouvrages, construits entre le bastion central et la baie de la Quarantaine, furent attaqués avec énergie, mais on ne put se rendre maître que de la moitié des travaux. La nuit suivante, un nouvel élan de nos soldats acheva l'œuvre commencée. Le résultat de ces attaques inaugurait d'une façon brillante le commandement du général Pélissier. En même temps, la place était resserrée de plus en plus, et le siége se continuait méthodiquement. Le 25, une expédition s'empara de Kertch et d'Iéni-Kalé, détruisit d'immenses magasins de l'armée russe, et enleva à la garnison de Sébastopol un de ses principaux points de ravitaillement. Le 3 juin, l'escadre alliée remonta la mer d'Azof jusqu'à Taganrog et bombarda cette ville. Trois mois après, le 8 septembre, Sébastopol tomba à notre pouvoir, et de ce port créé à tant de frais par la Russie, il ne restait plus que quelques forts au nord de la rade. La ville était à moitié détruite, et la flotte russe n'existait plus, coulée dans la passe par les Russes eux-mêmes.

La prise de Sébastopol était pour la Russie un coup décisif. Cependant, comme la paix n'était pas conclue, les alliés songèrent à l'attaquer sur d'autres points. Le 14 octobre, une expédition se dirigea vers Kimburn, à l'embouchure du Dnieper. La garnison dut capituler le 17 et nous abandonner tout le matériel. Le 18, les Russes firent sauter le port d'Otzakon, situé en face de Kinburn. De ces deux points nous pouvions nous porter sur

Kherson et sur Nicolaïef, l'un des premiers arsenaux de la Russie.

Dans la mer Blanche, les vaisseaux anglo-français bloquèrent tout le littoral pendant les années 1854 et 1855 ; ils ne se retiraient qu'au moment où les glaces venaient continuer le blocus. Le commerce du nord de la Russie en souffrit considérablement. Les escadres des deux nations avaient également bloqué les côtes de la Sibérie et forcé la garnison de Pétropaulowski à évacuer la ville (15 mai 1855). Les arsenaux furent détruits et les progrès des Russes sur le fleuve Amour un moment arrêtés.

L'année 1859 fut une année de rapides et profondes émotions. Des complications diplomatiques survenues à l'occasion de l'Italie, le mariage du prince Napoléon avec la fille de Victor-Emmanuel, l'invasion du Piémont par les Autrichiens, le départ de nos troupes et de l'Empereur pour la guerre, le combat de Montebello, la victoire de Magenta, l'entrée à Milan, la victoire de Solferino, l'entrevue et la paix de Villafranca, la rentrée de l'armée se succédèrent si vite que le pays, entre chacune de ces émotions, eut à peine le temps de respirer.

La marine ne devait jouer un rôle dans cette guerre qu'autant qu'il y aurait lieu de s'emparer des ports appartenant à l'Autriche. La paix fut conclue au moment où l'on se préparait à bombarder Venise.

Partie de France le 16 juin, la flotte s'approcha d'Autréari pour y attendre que toute sa ligne fût formée ; de là, le 30 au soir, elle se dirigea sur l'île de Lossini, choisie pour sa base d'opérations, et dont le port est peu distant de Venise. On croyait rencontrer une résistance sérieuse ; mais, le 3 juillet, la *Bretagne*, montée par le vice-amiral Romain-Desfossés, et tous les autres bâtiments, entrèrent dans ce port sans qu'aucun obstacle les arrêtât; les Autrichiens s'étaient retirés à la nouvelle de leur arrivée.

La ville principale de Lossini compte huit mille âmes; sa rade est belle et parfaitement située. Dans la journée du 3, le vice-amiral prit possession de l'île au nom de l'Empereur et en confia le commandement au capitaine de frégate Davauroux. On y débarqua l'infanterie de marine, qui était sur l'escadre depuis Toulon, et les compagnies actives. Des mesures furent prises aussitôt pour l'installation des divers établissements, hôpitaux. parcs d'artillerie, dépôts de charbon, etc., nécessités par la perspective d'éventualités alors probables.

Le curé de Lossini, à la tête d'une députation composée des notables de l'île, alla trouver le vice-amiral, et tous firent leur soumission dans des tenues qui permettaient de bien augurer des relations ultérieures. La *Bretagne* ne resta en rade que jusqu'au 8 juillet.

Dans l'intervalle, deux transports, l'*Entreprenante* et le *Jura*, amenèrent d'Afrique trois mille hommes d'infanterie. C'était l'avant-garde d'un corps de débarquement dix fois plus fort, que la marine était prête à prendre en Algérie pour le jeter à Venise, si la lutte continuait.

Dans la journée du 7, les batteries flottantes et les canonnières enlevèrent leur mâture, — c'est l'opération qui précède immédiatement l'entrée en campagne, — et le 8, au point du jour, la flotte entière quittait Lossini, lorsque le commandant en chef fut informé qu'une suspension d'armes venait d'être signée. Il ne crut pas cependant que cet événement dût modifier ses dispositions de départ; son opinion, au contraire, était que la présence de nombreux bâtiments devant Venise emprunterait de la suspension d'armes une nouvelle importance, et l'on se dirigea vers cette ville. Le lendemain, au lever du soleil, la flotte était mouillée sur cinq lignes parallèles à la côte, en vue des dômes de Saint-Marc et d'une population agitée de sentiments divers. Le 19, au matin, le premier aide-de-camp de l'amiral, M. Foullioy, partit, muni d'un sauf-conduit, pour le quartier-général français à Valeggio, et rendit compte de la position prise par les bâtiments de guerre devant Venise. Il revint, le 12, avec cette lettre de l'Empereur à M. Romain-Desfossés :

« Valeggio, le 11 juillet 1859.

» Mon cher amiral,

» Une suspension d'armes est conclue jusqu'au 15 août. Je vous prie donc de renvoyer à Lossini tous les bâtiments qui n'ont pas besoin de tenir la mer.

» Si la paix ne se fait pas, je compte sur l'énergie de la flotte et sur l'habileté de son chef pour concourir avec l'armée de terre au but que je me suis proposé.

» Employez le temps jusqu'au 15 août à exercer les équipages, à faire des reconnaissances sur toutes les côtes, et à tâcher d'avoir des renseignements sur les points faibles de l'ennemi.

» Recevez l'assurance de mon amitié.

» NAPOLÉON. »

La paix ayant été signée le jour même, ces recommandations devinrent inutiles. La flotte toutefois ne quitta pas aussitôt l'Adriatique; il lui fut enjoint de longer les côtes jusqu'après le départ de l'armée. Comme en Crimée, elle avait eu sa part des travaux sans avoir sa part de gloire ; les succès avaient été plus réels qu'éclatants, mais le pays lui en tenait compte. Tout le monde était bien convaincu que la présence et l'attitude de nos marins sur les derrières de l'ennemi, prêts qu'ils étaient à jeter à terre les troupes de l'escadre pour marcher sur Padoue et Vicence, et couper le chemin de Venise à Trieste, c'est-à-dire la retraite de l'armée autrichienne, avaient puissamment contribué au résultat qui venait d'être obtenu. Un plan d'attaque et de débarquement complet avait été dressé, et l'on était certain de la réussite. La flotte de siége, composée de quarante-cinq frégates, batteries flottantes ou canonnières de toute classe, eût démantelé, pulvérisé les forts de Venise; pas un Autrichien ne paraissait en douter.

La Syrie est occupée par deux populations rivales, les Maronites et les Druses, la première chrétienne, la seconde musulmane ou plutôt païenne. A la fin de mai 1860, les Maronites résolurent d'exterminer leurs ennemis, et les troupes turques envoyées pour arrêter les massacres se joignirent aux Maronites. Seul, notre ennemi, Abd-el-Kader, avec ses fidèles Algériens, arracha, à Damas, plusieurs milliers de chrétiens à la mort. Ces nouvelles produisirent en France et en Europe une douloureuse émotion : il n'y eut qu'un cri pour demander une intervention. Une convention fut signée, le 3 août, par la France, l'Autriche, la Prusse, l'Angleterre et la Russie, stipulant l'envoi en Syrie d'un corps de troupes de douze mille hommes, dont la France fournirait sur-le-champ la moitié. La durée de l'occupation de la Syrie était fixée à six mois.

Ce fut le général d'Hautpoul qui eut le commandement de l'expédition. Le 7 août, l'Empereur passa en revue, au camp de Châlons, le 5e et le 13e régiment de ligne, ainsi que le 1er escadron du 1er des hussards, désignés pour aller en Syrie, et il leur adressa ces belles paroles : « Soldats, vous ne partez pas en grand nombre, mais votre courage et votre prestige y suppléeront; car partout aujourd'hui où l'on voit passer le drapeau de la France, les nations savent qu'il y a une grande cause qui le précède, un grand peuple qui le suit. »

Quelques jours après, le pays saluait avec enthousiasme le départ de ceux qui allaient renouveler l'œuvre de Pierre-l'Ermite, châtier les égorgeurs de Damas, et délivrer de l'oppression du Coran les contrées qui invoquaient la protection de l'Europe. Le 16, tous les bâtiments qui avaient reçu une portion de contingent avaient pris la mer. On pensait que la traversée serait de huit ou neuf jours. L'*Amérique,* à bord duquel était embarqué le général d'Hautpoul, arriva bientôt à Beyrouth. Le 20, les régiments d'infanterie de ligne, un bataillon de zouaves, un bataillon de chasseurs de Vincennes, deux batteries d'artillerie, une compagnie du génie et l'escadron de hussards mirent pied à terre ; on n'attendait plus que deux escadrons de chasseurs d'Afrique et un escadron de spahis, que l'*Aube* et le *Finistère* devaient aller prendre à Alger à leur retour du Levant. L'expédition des vivres et des fourrages ne se ralentissait pas à Marseille.

A l'arrivée des Français, le commissaire extraordinaire de la Turquie, Fuad-Pacha, s'empressa d'adresser à tous les chefs de la province une circulaire dans laquelle il leur expliquait le rôle de protection des troupes envoyées, les invitant à seconder l'œuvre de pacification qu'elles venaient accomplir en Syrie. Cette circulaire, empreinte d'un grand esprit de conciliation, avait

pour but de prévenir tout malentendu de la part
des fonctionnaires, et d'établir le meilleur accord
entre le corps expéditionnaire et les soldats
ottomans.

L'apparition des régiments français suffit pour
disperser les Druses. Les Maronites accoururent
auprès d'eux, et nos soldats firent ce quils purent
pour adoucir les infortunes d'une population dé-
pouillée de tout. Sous la protection des colonnes
françaises, les Maronites déblayèrent les ruines de
leurs villages, relevèrent leurs maisons et en-
semencèrent leurs champs. La Turquie, forcée à
la rigueur par notre présence, avait multiplié les
châtiments; mais les principaux coupables échap-
paient à ses poursuites, et l'on pensait bien que
ses sentiments ne seraient pas changés ni sa force
augmentée. Le temps de l'occupation fut prolongé
jusqu'au 5 juin 1861. Nos troupes, ou plutôt les
troupes de l'Europe, évacuèrent la Syrie à cette
date. Mais notre flotte croisa en vue des côtes,
continuant de montrer aux populations alarmées
le drapeau de la France, pour elles véritable signe
de salut. Une commission, nommée par les puissances, travailla à la réorganisation politique du
Liban. On décida que le pays aurait un gouverneur
unique, et que ce gouverneur serait chrétien.

L'escadre française, aux ordres du vice-amiral
Le Barbier de Tinan, ne revint qu'à l'époque où
les gros vents de large commencent à se faire
sentir, et où les vaisseaux ne peuvent plus sans
danger rester sur les côtes de Syrie, qui n'a pas de

bons mouillages pour le mauvais temps. Au moment de s'éloigner, elle laissa devant Beyrouth une division navale composée de bâtiments de guerre d'un ordre inférieur, et notre pavillon protégea encore les chrétiens pendant l'hiver.

Si l'on retrouve toujours la France là où « il y a une cause juste et civilisatrice à faire prévaloir, » on la retrouve encore là où il y a une victoire à remporter sur la nature. C'est à un Français qu'on doit le percement de l'isthme de Suez, c'est-à-dire la suppression de la barrière qui séparait la Méditerranée de la mer Rouge, et qui empêchait le rapprochement des Indes et de l'Europe. Aux obstacles naturels venaient se joindre les difficultés suscitées par l'Angleterre, qui ne cessait d'agir à Constantinople pour entraver une des plus belles entreprises du siècle : M. Ferdinand de Lesseps, par sa persistance et son énergie, a su triompher des uns des autres.

Ce fut le 15 décembre 1858 que notre illustre compatriote parvint à constituer la compagnie universelle du canal maritime des deux mers. Au mois de mars 1859, le premier coup de pioche fut donné. Le 11 novembre 1852, les eaux de la Méditerranée arrivaient dans le lac Timsah; le 15 août suivant, le premier bateau parcourut le trajet de Port-Saïd, sur la Méditerranée, à Ismaïlia, et de là se rendit à Suez, sur la mer Rouge, au moyen du canal d'eau douce creusé par la compagnie. Au mois de novembre 1869, l'œuvre était entièrement achevée, et le canal maritime était inauguré dans toute sa longueur par l'Impératrice.

En 1839, des marchands anglais avaient inondé d'opium les côtes du Céleste-Empire; le gouvernement de Pékin prit des mesures contre eux et confisqua en grande partie les cargaisons de leurs navires. L'Angleterre déclara la guerre à la Chine et obtint l'ouverture des cinq grands ports. Les Américains du Nord et les Français réussirent également à signer avec les Chinois, en 1841, des traités de commerce; mais les autorités de Canton ne cessèrent pendant dix ans de mettre des entraves à leur exécution. Les Anglais canonnèrent, en 1856, les forts de cette ville; de là l'irritation du vice-roi, nommé Yeh, et ses proclamations incendiaires contre les étrangers. Un ultimatum lui fut envoyé, le 10 décembre, par le baron Gros et lord Elgin, représentants de la France et de l'Angleterre, et l'on se prépara à l'attaque. Le 29 au soir, Canton était au pouvoir des alliés, ainsi que le vice-roi.

Peu de temps après, les représentants de la France, de l'Angleterre, de la Russie et de l'Amérique du Nord adressèrent simultanément une communication à la cour de Pékin. Le premier ministre répondit que le nouveau vice-roi, Niang, était chargé de traiter avec eux. C'était une réponse évasive. Les flottes combinées s'avancèrent à l'embouchure du Peï-Ho. Le 20 mai 1857, les forts qui commandent l'entrée de la rivière furent enlevés.

Un traité fut signé à Tien-Tsin, dans le courant d'octobre, entre les alliés et les commissaires chinois. Mais, quelques jours après, la cour de Pékin refusa d'échanger les ratifications. Les ministres de France et d'Angleterre résolurent de se porter avec toutes leurs forces dans le golfe de Pé-tché-Li. Le 25 juin 1858, les forts furent attaqués avec vigueur, mais sans résultats. La mort décima les assaillants avant qu'il fût possible, au milieu de la vase et des marais, de triompher de la résistance de l'ennemi. Ce léger succès des Chinois devait amener des réprésailles terribles.

L'honneur de notre drapeau était engagé; l'expédition de Chine fut décidée. En peu de temps, une vaillante petite armée, composée en partie de volontaires, fut prête à s'embarquer. Elle était placée sous le commandement du général de division Cousin-Montauban; le commandant en chef avait sous ses ordres les généraux Jamin et Collineau. Une partie de la flotte partit le 15 décembre 1859 et prit la route du cap de Bonne-Espérance. La ville de Sang-Haï avait été choisie comme quartier-général provisoire des troupes anglo-françaises; c'était là que devaient se rendre nos bâtiments. Mais le général Montauban ne quitta Toulon que le 15 janvier suivant; il prit la voie de Suez avec son état-major, et arriva à Sang-Haï le 20 mars 1860, trois mois avant le corps expéditionnaire. Il prépara tout aussitôt pour recevoir les troupes. Le général anglais sir Hope Grant y arriva le 6 avril. L'ordre fut donné aussitôt à l'infanterie de marine casernée à Canton et aux régiments anglais venus des Indes à Hong-Kong d'aller occuper les deux îles de Kinetang et de Chusan.

La réponse à l'ultimatum envoyé à l'empereur de Chine fut transmise aux généraux le 9 avril; elle repoussait les demandes de réparations faites par les alliés. Il fut résolu, à la suite d'un conseil, qu'on localiserait la guerre dans le Pé-tché-Li. Les Chinois travaillèrent à fortifier l'entrée du Peï-Ho, rivière qui conduit à Pékin.

Le 28 juin, le baron Gros et lord Elgin avaient rejoint les généraux à Sang-Haï. Ils annoncèrent aux habitants par une proclamation qu'ils devaient échanger à Pékin les ratifications du traité, et ils se disposèrent à partir pour le nord. Le 1er juillet, toutes les troupes étaient dans le golfe de Pé-tché-Li. Les Chinois, décidés à disputer énergiquement l'entrée du fleuve, poursuivaient avec activité leurs préparatifs de défense.

La barre de l'embouchure du Peï-Ho a environ un mille de large; elle est couverte par dix ou douze pieds d'eau à la marée haute, et par deux seulement à la marée basse, ce qui rend très difficile la navigation des embarcations légères. De chaque côté des forts de Takou étaient des batteries rasantes, chargées de canons plus ou moins dissimulés par des sacs de terre. Des jonques de guerre, aux voiles bariolées, croisaient sur les côtes pour empêcher toute tentative de débarquement; mais il ne paraissait pas douteux que, quand le moment

4.

serait venu, elles seraient incapables d'opposer une résistance sérieuse. Le plus grand obstacle serait le rivage, qui, extrêmement bas, se perd dans une boue liquide.

Une reconnaissance fut opérée le 13 et le 14, et il fut arrêté que les deux corps d'armée se réuniraient au Pétang : les Français comptaient sept mille six cent cinquante hommes, les Anglais douze mille trois cents environ. L'armée française débarqua dans les premiers jours d'août. Les soldats, pour atteindre le rivage, avaient de l'eau jusqu'à la poitrine ; les généraux marchaient à leur tête. Le 5, hommes, vivres, munitions, tout était à terre ; nous occupions la ville. Trois jours après, le camp retranché des Chinois était emporté, et la route de Pékin ouverte.

Les troupes alliées se portèrent à Toung-Tcheou, non loin de Pékin. Les Français battirent, le 18, dans les carrières, une armée considérable de Tartares. Mais les habitants refusèrent de leur fournir des vivres, et la ville fut livrée au pillage. Les ambassadeurs chinois vinrent renouveler au quartier-général leurs propositions de paix ; il fut impossible de les accepter : on ne pouvait traiter en l'absence des plénipotentiaires. Le baron Gros et lord Elgin arrivèrent le lendemain.

Le 20, on apprit que l'armée tartare, concentrée sur la route de Pékin, avait l'intention d'attaquer Toung-Tcheou ; on ne lui en laissa pas le temps. Le 21, à quatre heures du matin, les troupes se mirent en marche ; elles rencontrèrent l'ennemi à quelque distance du village de Pa-li-Kao. On se battit depuis sept heures du matin jusqu'à midi. Ce fut une brillante affaire, dans laquelle les généraux Jamin et Collineau se distinguèrent particulièrement. Le soir, on campait à huit milles de Pékin.

Les envoyés chinois demandèrent de nouveau à renouer les négociations; mais, sur leur refus de rendre leurs prisonniers, les alliés marchèrent sur Pékin, et, le 7 septembre, ils arrivèrent au palais d'été de l'empereur. Les Tartares l'avaient évacué. Une commission fut chargée de faire le partage des richesses qu'il contenait. Les Anglais mirent le feu aux édifices sans l'assentiment des Français.

Le 9 octobre, les alliés étaient sous les murs de Pékin. Les Chinois consentirent alors à rendre les prisonniers; mais plusieurs avaient été massacrés, d'autres étaient morts de faim. Cette nouvelle indigna la colère des soldats; ils brûlaient de tirer vengeance de la mort de leurs frères d'armes. Le 15, le général Montauban signifia au gouvernement que si les portes de la ville n'étaient pas livrées le jour même, le bombardement allait commencer. Quelques heures après ce message, les drapeaux français et anglais flottaient sur la porte du Nord.

Le 29, l'armée assista à la réouverture et à la consécration de l'église catholique, bâtie en 1637 et fermée depuis trente-sept ans. Après la messe des morts, durant laquelle les musiques militaires exécutèrent des morceaux funèbres, monseigneur

Mouly, évêque de Pékin, prononça un discours en rapport avec la circonstance; puis il entonna le *Te Deum*, et ce furent les soldats qui chantèrent les hymnes de la journée : tous oubliaient un moment qu'une distance de six mille lieues les séparait de la patrie. L'œuvre était accomplie : ceux qui avaient succombé en l'exécutant avaient reçu les honneurs suprêmes; la croix relevée attestait à ces peuples vaincus la puissance de la France; l'armée pouvait dès lors se retirer.

Le corps expéditionnaire quitta Pékin le 1er novembre, et arriva le 6 à Tien-Tsin. La brigade Jamin se rendit à Shang-Haï; la brigade Collineau resta à Tien-Tsin.

Les traités et la convention, ratifiés par l'empereur, ne tardèrent pas à être affichés dans les principales rues de Pékin. Le baron Gros et lord Elgin purent alors s'éloigner eux-mêmes de la capitale. Le 11, la Russie échangea, de son côté, les ratifications d'un traité additionnel, qui fixa d'une manière précise les limites des deux pays. Le 22 décembre, le général Montauban était de retour à Shang-Haï, après avoir visité plusieurs villes du Japon.

Un autre empire se fermait encore plus obstinément que la Chine aux Européens : c'était le Japon. Profitant du retentissement qu'avaient obtenu dans cette contrée les opérations entreprises en 1858 contre la Chine, la France et l'Angleterre obtinrent des avantages sérieux. Lord Elgin parut dans le port de Yeddo avec trois navires de guerre,

au mois d'août 1858, et le 26 on n'osa lui refuser
la signature d'un nouveau traité. Un mois après
arriva notre ambassadeur, le baron Gros, qui conclut, le 9 octobre, un traité analogue, valable jusqu'au 16 août 1872. Des difficultés s'étant élevées
au sujet de l'exécution, nos vaisseaux durent bombarder Simono-Saki (5 et 6 septembre 1864). Cet
événement de guerre produisit une salutaire im-
pression sur le gouvernement japonais, qui s'est
montré depuis plus conciliant.

Depuis longtemps, la France avait des griefs
contre l'empereur d'Annam, Tu-Duc, despote bar-
bare qui persécutait les chrétiens répandus dans
ses États. Une division navale française parut
dans la baie de Tourane, le 1er septembre 1858.
Les forts furent emportés après quelques combats.
Mais le vice-amiral Rigault de Genouilly, commandant de l'expédition, n'ayant pas les troupes
suffisantes pour marcher sur la capitale, Hué, dut
se borner à conserver ses positions. Au retour de
Pékin, le général Montauban mit un corps de dix-
huit cents hommes à la disposition du vice-amiral
Charner pour reprendre l'attaque contre les
Annamites. Il fallut à tout prix achever ce qui avait
été si heureusement commencé par le vice-amiral
Rigault de Genouilly, et exécuter les projets con-
çus par Louis XIV, Louis XVI et Louis-Philippe.
Nos soldats remportèrent des triomphes qui eurent
des résultats sérieux. Le contre-amiral Bonard,
successeur du vice-amiral Charner, obtint à son
tour des succès. En 1862, l'œuvre de la conquête

était terminée, et nous possédons aujourd'hui dans la Cochinchine un établissement important.

Dans les premiers jours de septembre 1866, une nouvelle grave et triste fut apportée en France par le courrier de Chine. Neuf missionnaires catholiques, neuf Français, dont deux évêques, avaient été martyrisés en Corée. A la nouvelle de cette exécution, notre chargé d'affaires, M. Bellinet, en référa au contre-amiral Roze, qui commandait la station de Chine. Le contre-amiral partit de Tche-fou le 11 octobre, avec la frégate la *Guerrière*, les corvettes à hélice le *Laplace* et le *Primauguet*, les avisos le *Deroulède* et le *Kienchan*, les canonnières le *Tardif* et le *Lebreton*. Il mouilla le 13, avec sa division, devant l'île Boisée, à dix-huit milles de Kang-hoa, et le 16, dès huit heures du matin, à la tête de toutes ses forces, il se présenta devant la ville, qu'entourait une muraille crénelée. Cette muraille fut escaladée malgré une vive fusillade, et l'ennemi évacua la place.

Après l'occupation de Kang-hoa par les compagnies de débarquement, le contre-amiral s'établit dans une position fortement retranchée, puis il fit parcourir les environs de la ville et explorer les rives opposées de la presqu'île, en détruisant toutes les jonques qui se trouvaient dans le canal. Dans l'une de ces explorations, la chaloupe de la *Guerrière*, au moment d'aborder, fut accueillie, presque à bout portant, par une décharge de mousqueterie qui tua trois matelots ; nos marins, sautant à terre, débusquèrent les Coréens, qui, cachés dans les broussailles, avaient fait feu, et, conduits par l'aspirant Châtel, les mirent en fuite, après leur avoir tué quelques hommes.

Peu de jours après, le contre-amiral se disposa à quitter Kang-hoa : les approches de l'hiver se faisaient déjà sentir, et il était à craindre que toute navigation dans la rivière salée ne fût bientôt interrompue. Avant de s'éloigner, il ordonna la destruction de tous les établissements du gouvernement, ainsi que celle du palais du roi, et nos matelots retournèrent à bord des bâtiments devant l'île Boisée. Des caisses renfermant des lingots d'argent, des manuscrits et des livres qui pouvaient offrir quelque intérêt pour la science, furent expédiées à Shang-haï, d'où elles devaient être transportées en France.

Le gouvernement français ne crut pas devoir exiger davantage pour le massacre des missionnaires ; le châtiment infligé aux Coréens leur prouvait suffisamment que la France veille sur ses enfants jusque dans les contrées les plus lointaines, et qu'elle ne laisse jamais un outrage impuni.

V

En 1860, la république du Mexique avait pour président Juarez, qui semblait prendre à tâche de provoquer l'Europe par des exactions et des violences commises à l'égard des commerçants étrangers. Le 31 octobre 1861, la France, l'Espagne et l'Angleterre signèrent une convention relative à une expédition au Mexique.

L'Espagne montra le plus d'empressement. Le 17 décembre, ses troupes occupaient la Vera-Cruz et plantaient le drapeau espagnol sur le fort de Saint-Jean-d'Ulloa.

Les Français suivirent de près les Espagnols. Le contre-amiral Jurien de la Gravière quitta Paris le 9 novembre et se rendit à Toulon, où il devait s'embarquer sur le *Masséna*. C'était de ce port qu'allait partir l'escadre, après qu'elle aurait été ralliée par plusieurs navires des ports de Brest et de Cherbourg. Les bâtiments avaient l'ordre de prendre la mer isolément. Le premier rendez-vous était à Ténériffe, le second à Fort-de-France (Martinique), et le rendez-vous des trois escadres à la Havane. Mais, ainsi qu'on vient de le voir, l'amiral espagnol n'avait pas attendu, pour se diriger vers la Vera-Cruz, l'arrivée des alliés.

La division navale française était en route de Sainte-Croix-de-Ténériffe les 23, 24 et 25 novembre. Elle comprenait en ce moment : le *Masséna*, vaisseau de quatre-vingt-dix canons, ayant à son bord cinq cents zouaves pris à Mers-el-Kébir, la *Guerrière*, l'*Astrée* et l'*Ardente*, frégate à hélice de premier rang, et le *Montézuma*, petite frégate à roues; les avisos le *Chaptal* et le *Marsault*, et le transport l'*Aube*. Les troupes de débarquement étaient à bord de tous ces navires, qui emportaient, en outre, un matériel nombreux et des approvisionnements énormes.

L'escadre, après une relâche de quelques jours, se mit en marche vers la Martinique, où elle avait à prendre du personnel et du matériel d'artillerie et d'infanterie de marine; elle devait aussi y être rejointe par la frégate l'*Isis*, et par les transports la *Meurthe* et la *Sèvre*, qui ne pouvaient partir de nos ports que vers la fin de novembre. Le 28 décembre, la division arriva à la Havane, avec le général Prim, commandant les forces espagnoles; la ville fut illuminée, et les habitants parurent remplis de joie.

Au mois de janvier 1862, les troupes françaises arrivées à la Vera-Cruz s'élevaient à deux mille six cents hommes, appartenant à l'infanterie de ligne, aux zouaves, aux fusilliers de la marine et à l'artillerie. Les pavillons français, anglais et espagnol flottaient sur les tours de Saint-Jean-d'Ulloa, le pavillon français au centre, celui des Anglais à droite, celui des Espagnols à gauche. Chacun des chefs des trois nations devait conserver la pleine liberté de ses mouvements et l'intégrité des commandements des forces placées par son gouvernement sous ses ordres.

A la suite d'une convention conclue avec Juarez, le 19 février, au village de la Soledad, par les représentants de l'Espagne et de l'Angleterre, une rupture éclata entre les trois puissances. Les Anglais et les Espagnols se retirèrent; la France poursuivit seule le but qu'elle voulait atteindre.

Le contre-amiral occupa Tétuan, et, le 25 avril, après une lutte des plus brillantes, il entra dans Orizaba. Quelques jours après, il remit le commandement des troupes au général comte de Lorencez, chargé de le remplacer. M. Jurien de la Gravière, promu au grade de vice-amiral, rentra en France sur la frégate le *Montézuma*. Le général de Lorencez s'avança presque sans obstacle jusqu'à Puebla ; mais il avait trop peu de force pour s'emparer de cette place, et il dut venir se renfermer dans Orizaba.

Le général Forey, le vainqueur de Montebello, fut nommé au commandement en chef d'un corps de vingt mille hommes. Les préparatifs furent poussés avec une extrême vigueur. Dès le 30 juin, les vaisseaux l'*Impartial*, l'*Eylau* et le *Finistère* partirent d'Alger avec un régiment de zouaves et un escadron de chasseurs d'Afrique : ces deux mille hommes étaient envoyés au général de Lorencez pour qu'il les employât au besoin. Le vice-amiral de la Gravière quitta Paris le 11 juillet et se rendit à Cherbourg, afin de presser les armements de la frégate cuirassée la *Normandie*, qui portait son pavillon : il avait le titre de commandant de la division navale des Antilles et du golfe du Mexique. Le 26, l'ordre fut envoyé à un certain nombre de navires de Brest de rallier Cherbourg. Le premier départ de ce port devait s'effectuer du 28 au 30 juillet, le second le 5 août, le troisième le 10, le quatrième le 15, le cinquième le 20 ; le dernier serait composé de l'artillerie, du génie et du matériel.

Le général Forey partit de Cherbourg, sur le *Turenne*, à la fin de juillet; il était le 4 août à Ténériffe, et le 20 à Fort-de-France (Martinique). Il fit aussitôt débarquer les hommes et les chevaux, qu'il amenait à bord de l'*Yonne*, du *Turenne* et du *Chaptal*, et on les logea dans les parties les plus salubres de la ville. Ces bâtiments et ceux qui les suivaient devaient être dirigés sur le Mexique par petits convois, de façon à ce que les soldats ne fissent que traverser la Vera-Cruz, où les moyens de transport étaient réunis pour les conduire rapidement en-dehors des Terres-Chaudes.

Dès que les hommes eurent pris un peu de repos, ils se mirent à parcourir la ville et à visiter les monuments. Quelques-uns firent l'ascension de la montagne sur laquelle est construit le fort Desaix, commandé alors par le capitaine Favre, de l'infanterie de marine. La montée est rapide et pénible, surtout à cause de la chaleur. En chemin, ils rencontrèrent des boutiques en plein vent, tenues par des nègres, qui vendaient des oranges, des citrons et des boissons rafraîchissantes. Tous admirèrent le brillant panorama qui se déroule autour du fort.

Le 30 septembre, le *Navarin*, le *Saint-Louis* et le transport l'*Eure* quittèrent la Martinique; ils laissaient en relâche dans cette île vingt-deux navires de guerre, ayant aussi à leur bord des régiments venant de France. Le débarquement des troupes et du matériel au Mexique était entièrement terminé le 11 novembre; les bâtiments de transport reprirent aussitôt la route de France.

Le 16, pendant que les opérations se poursuivaient sur terre, le vice-amiral Jurien de la
Gravière s'embarqua, avec le 81ᵉ de ligne, et
arriva le 22 à la barre de la rivière de Tampico;
les soldats furent mis à terre immédiatement, et le
lendemain ils entrèrent dans la ville sans coup
férir.

La campagne de 1863 fut glorieuse pour nos
armes. Parti d'Orizaba dans le mois de février, le
général Forey investit Puebla le 18 mars; le
17 mai, la garnison, foudroyée par notre artillerie, se rendit à discrétion. Le 10 juin, l'armée
française entrait à Mexico. Une assemblée des
notables, rétablissant la monarchie, conféra la
couronne au frère de l'empereur d'Autriche, l'ar-
chiduc Maximilien. Tout le monde sait comment
ce malheureux prince, bloqué dans Quérétaro, au
mois de mai 1867, par les troupes de Juarez,
trahi, et fait prisonnier, fut, après une apparence
de jugement, fusillé avec deux de ses généraux les
plus fidèles.

Quelques mois avant cette douloureuse cata-
strophe, les troupes formant le corps expéditionnaire avaient reçu l'ordre de se préparer à quitter
le Mexique, et le général Bazaine, successeur du
général Forey, — tous deux avaient été élevés à la
dignité de maréchal, — les acheminait peu à peu
vers la Vera-Cruz. Le paquebot l'*Impératrice-
Eugénie* inaugura, le 13 janvier, le rapatriement
de l'armée, en recevant à son bord un bataillon

du 87e de ligne, la 4e compagnie du 1er régiment du génie et trois cents isolés. Dix jours plus tard, le transport le *Rhône* partit avec la légion belge, forte de neuf cent vingt-cinq hommes. Des steamers de la marine marchande américaine arrivaient de New-York chargés de subsistances pour les navires français et les troupes qui allaient regagner l'Europe.

Il nous reste à retracer les événements relatifs à la lutte gigantesque que la France, surprise et non vaincue, a eu à soutenir depuis un an contre l'Allemagne. Avant d'aborder ce récit, il convient de rappeler un fait qui se passa en 1853, et nous valut un poste militaire dans l'Océanie. A la suite d'un acte d'anthropophagie commis sur quelques hommes de l'équipage d'un navire de guerre, le contre-amiral Febvrier-Despointes s'approcha de la Nouvelle-Calédonie, le 29 septembre, arbora le drapeau français sur l'île des Pins. Importante par sa position à l'est de l'Australie, dit M. Ducoudray, et par les moyens d'action qu'elle donne à la France dans ces parages, où se porte un flot considérable d'émigrants européens, la Nouvelle-Calédonie offre une assez grande étendue : trois cent soixante kilomètres de long sur cinquante-deux de large. Elle possède un excellent port à Balade; son climat est salubre, son sol très fertile et couvert d'épaisses forêts.

Le rôle de la flotte pendant la guerre avec la Prusse n'a pas été ce qu'il aurait pu être : cela a tenu à certaines circonstances qui ont empêché d'aller débarquer des troupes sur les côtes d'Allemagne, ainsi qu'on en avait eu d'abord le projet. Mais si nos marins n'ont pas eu, comme ils le désiraient si ardemment, l'occasion de combattre, ils n'ont pas moins fait preuve, durant un hiver exceptionnellement rigoureux, d'un courage et d'une énergie qui leur ont valu l'admiration du monde entier.

Vers la fin du mois de juillet 1870, une escadre fut réunie à Cherbourg. Avant qu'elle appareillât, l'Impératrice vint la visiter, et elle lut aux officiers la proclamation que l'Empereur adressait aux marins. Quelques jours après, nos bâtiments se dirigeaient vers le Nord. Un excellent article, publié dans le *Moniteur de l'Oise,* par un jeune et intelligent enseigne de vaisseau, nous fournit tous les détails désirables sur la mission que notre flotte eut à remplir.

Souvent, écrivait M. H....., j'ai dû répondre à ces questions : « Qu'a donc fait l'escadre dans la Baltique? Quel a été le rôle de la marine sur mer? » Questions assez étranges, mais que l'on comprendra si l'on se rappelle que l'attention générale, pendant notre malheureuse guerre, se portait uniquement vers les rapports qui signalaient la belle conduite des bataillons de marins.

Dans l'intérieur de la France, on ne sait rien de la marine, et, à dix lieues des grands ports, on est déjà dans une ignorance complète de tout ce qui touche au métier de marin. Ainsi, tandis que les journaux vantaient continuellement la fermeté des défenseurs des forts de Paris, une armée navale a pu, sans exciter l'intérêt, sans émouvoir au loin l'opinion publique, aller accomplir vaillamment une tâche souvent plus pénible que celle qui était confiée aux canonniers de la capitale investie. L'étranger se montrait moins indifférent que la France aux évolutions de notre escadre, et chaque jour, dans une savante discussion, les feuilles anglaises rendaient justice à l'habileté de nos manœuvres. Un aperçu rapide des faits prouvera que la marine, dans sa campagne de la Baltique, comme dans la mer des Antilles et au Japon, a été à la hauteur de ses traditions.

Le premier plan formé pour l'expédition de la Baltique ne fut pas celui que l'on exécuta. Ce projet donnait à l'escadre quatorze frégates cuirassées; elle faisait suivre par un convoi de transports, commandé par l'amiral La Roncière, et portant trente mille hommes de troupes sous les ordres du général Trochu. L'amiral ministre Rigault de Genouilly était nommé commandant en chef.

Ce projet, qui, s'il eût prévalu, pouvait changer complètement le cours des événements, ne reçut qu'un commencement d'exécution. Les transports furent armés à Cherbourg; les troupes d'infanterie de marine, appelées des autres ports, se concentrèrent autour de la ville; mais l'on changea tout-à-coup d'idée et l'on suspendit les préparatifs au milieu de l'activité merveilleuse qu'on y déployait. Les dernières décisions étaient prises; le vice-

amiral Bouët-Willaumez fut nommé commandant
de l'escadre, et, le 24 juillet il partit de Cherbourg
avec sept frégates et un aviso pour se rendre dans
la Baltique.

L'amiral Bouët était naturellement désigné pour
ce poste important : l'Empereur ne s'y trompa pas.
Non-seulement il avait fourni une carrière mar-
quée par d'éminents services; le premier encore,
il avait cherché à appliquer aux navires blindés la
tactique qui devait leur donner le plus de chances
dans le combat. Ses théories souvent éprouvées
dans les manœuvres de l'escadre de la Méditerranée, alors qu'il la commandait avec une si haute
autorité, furent dès-lors consacrées, et, dans les
circonstances présentes, il avait un titre incontes-
table au commandement d'une escadre blindée.

On aimera à connaître les instructions que reçut
l'amiral; en voici quelques-unes :

« Vous vous dirigerez d'abord vers le Sund, où
vous détacherez la *Thétis* à Copenhague, puis de
nuit vous reviendrez devant la Jaddhe. Pendant
ce temps, les autres bâtiments vous seront expé-
diés. Vous laisserez devant la Jaddhe le contre-
amiral Dieudonné avec une division, et vous vous
rendrez avec l'autre dans la Baltique. » Et plus
loin, l'ordre de surveiller la Russie par Cronstadt.
Mais aucun renseignement sur les forces de l'ennemi, sur les points où il se trouvait. L'escadre
prussienne était-elle à Kiel ou dans la Jaddhe,
dans la Baltique ou dans la mer du Nord? Cette
ignorance semble d'autant plus incroyable que

Berlin était informé du moindre mouvement de nos ports, souvent même avant qu'il fût exécuté.

Cette incertitude plaçait l'amiral dans une position très embarrassante. Espérant rencontrer l'escadre du prince Adalbert, il avait fait route à toute vapeur; mais son passage fut signalé, et l'ennemi prévenu rentra précipitamment dans la Jaddhe. Des difficultés diplomatiques, et l'absence de dépêches de Paris arrêtèrent nos forces à l'entrée de la Baltique, et ce ne fut que le 2 août que l'escadre française, dans l'ordre de combat qu'elle conservait depuis son départ de Cherbourg, pénétra dans le Cattégat.

Alors commença cette série de périls, renaissant tous les jours, presque à toute heure, et qui ne devaient avoir un terme qu'avec la fin des hostilités. Jamais forces navales aussi puissantes n'étaient entrées dans ces canaux étroits, parsemés d'écueils et de bas-fonds. L'amiral tenta avec audace cette entreprise, que le grand tirant d'eau des frégates rendait plus dangereuse encore, et, le 7 août, il se présenta en ordre de bataille devant les côtes prussiennes.

Non-seulement tous les phares avaient été éteints, mais l'ennemi avait eu soin de changer de position les différentes marques de la rive, qui sont pour le marin de précieux points de reconnaissance. Les Allemands, en cela, ne se montrèrent pas moins barbares que ces populations inhospitalières qui, suivant la chronique, faisaient courir pendant la nuit sur les falaises des vaches

aux cornes desquelles ils avaient attaché des fas-
cines enflammées. Le feu que portait l'animal appa-
raissait comme celui d'un navire soulevé par la
vague, et le malheureux navigateur, rassuré et se
croyant éloigné de la terre, venait fatalement se
perdre sur les rochers. Au lever du soleil, les
habitants dansaient autour des dépouilles que le
flot montant avait rejetées sur le rivage.

Le but de l'amiral était de longer la côte prussienne, en reconnaissant les points où il pourrait
être attaqué, et aussi ceux que la nature a rendus
favorables à un débarquement, car il ne voulait
pas encore désespérer de débarquer ses troupes.
Ce fut alors qu'un navire ennemi, forçant le
blocus, réussit à sortir de Kiel et à atteindre la
Jaddhe. C'était l'*Arminius*, petit monitor auquel
son faible tirant d'eau permettait de tenir les eaux
neutres et de naviguer sur des bas-fonds qui arrêtèrent la frégate envoyée à sa poursuite. Le vaisseau l'*Elizabeth*, qui avait tenté la même manœuvre, rentra précipitamment à Kiel.

Cette chasse infructueuse donnée à l'*Arminius*
mettait en relief le vice de notre armement. L'expédition entreprise avait un caractère tout parti-
culier et nécessitait des moyens d'attaque spéciaux,
inutiles dans une lutte avec toute autre nation
maritime. La côte prussienne, en effet, possède
une défense naturelle, que des navires calant peu
d'eau peuvent seuls franchir ; les bancs de sable
qui remplissent les rivières au fond desquelles
sont creusés les ports, lui forment une ceinture

plus solide que les enceintes bastionnées les plus formidables. M. Rigault de Genouilly n'ignorait pas cette situation ; aussi, au conseil des ministres, aurait-il dit « qu'il n'était pas prêt. »

Cependant l'amiral avait reconnu la côte ; son rapport et celui de la commission nommée par lui à ce sujet avaient été envoyés : leur conclusion enlevait à nos marins une partie de leurs espérances. Deux ports seulement pouvaient être attaqués : Colberg et Dantzig, et chaque dépêche rappelait le commandant en chef au respect des villes ouvertes. Pour ce qui est de Kiel, l'attaque en était impossible ; l'approche même présentait des difficultés presque insurmontables. Ce port se trouve à l'extrémité d'un chenal dont les deux rives sont protégées par des fortifications contre lesquelles, à cause de leur hauteur, notre tir eût été peu efficace, et, les feux de l'ennemi une fois éteints, des troupes de débarquement devenaient indispensables pour occuper les positions que nous aurions laissées derrière nous. Des estacades, d'ailleurs, barraient complètement le chenal : un navire y avait été coulé, et, outre les torpilles, on avait disposé dans la passe d'énormes filets qui, s'engageant dans les ailes des hélices de nos frégates, auraient entièrement paralysé l'effet des machines.

Sur ces entrefaites, l'amiral reçut une dépêche qui signalait la sortie des navires prussiens de la Jaddhe. Il n'y avait pas à hésiter. L'escadre se porta à toute vitesse à l'entrée du Grand-Belt,

5.

pour offrir le combat au prince Adalbert. C'était encore une illusion. Loin de pouvoir accepter le défi, l'ennemi était étroitement bloqué par l'amiral Fourichon, arrivé le 12 août dans la mer du Nord. L'amiral Bouët-Willaumez redescendit vers le sud pour faire respecter le blocus qui venait d'être proclamé.

Le *Rochambeau* était impatiemment attendu ; il arriva enfin dans la Baltique. C'est un magnifique monitor, et le seul navire qui eût pu lutter avantageusement avec la frégate prussienne le *Prince-Guillaume*. Sa bonne tenue à la mer, sa vitesse remarquable, sa puissante artillerie en font la machine de guerre la plus puissante que nous possédions. Il fut acheté en Amérique par le baron Gauldrée-Boileau au moment où le consul général de Prusse allait l'acquérir pour son gouvernement. Les officiers et les marins lui reconnurent des qualités supérieures.

Dès que le *Rochambeau* eut pris rang dans l'escadre, l'amiral, prévoyant que bientôt les glaces et le temps, qui devenait de jour en jour plus mauvais, le forceraient à s'éloigner, se hâta de faire une expédition contre Colberg. Mais, pendant la nuit du mouillage devant Arkona, le vent souffla avec une telle violence que l'escadre fut forcée d'appareiller sur-le-champ et de se réfugier dans la baie de Kiage ; la *Thétis* avait rompu ses chaînes. Le même jour, une dépêche apprenait que l'amiral Fourichon venait de rentrer à Cherbourg, rendant libre ainsi la mer du Nord. Il fallut renoncer à l'expédition de Colberg et aller, à l'entrée du Grand-Belt, défendre le passage que le prince Adalbert essaierait sans doute de franchir.

On sait peu de chose de ce qui a rapport à l'escadre de l'amiral Fourichon. Ce que personne n'ignore, c'est qu'elle eut constamment à lutter contre une mer démontée et contre les vents, qui, au fond de cet entonnoir inhospitalier, suivant l'expression de M. H....., s'engouffrent et font rage. Il suffit de jeter les yeux sur une carte pour juger de la position de l'escadre; une seule avarie dans la machine aurait entraîné la perte du bâtiment, corps et biens.

Un incident se produisit quelques jours après le blocus, qui mérite d'être raconté. L'escadre était revenue devant la Jaddhe; tout-à-coup on signala un aviso prussien, portant pavillon de contre-amiral et pavillon parlementaire. Sur la demande qu'il fit de communiquer, on le pria de stopper, et deux officiers de la *Magnanime* se rendirent à son bord. Ils furent reçus par le commandant de la Jaddhe, chargé de remettre à l'amiral Fourichon un pli du général Falkenstein : le prince de Hesse vint se joindre à eux, bien qu'il prétendît ne pas comprendre le français. M. Arago apprit au prince que le baron Roussin, commandant de la *Magnanime*, avait les pleins pouvoirs du commandant en chef. Le prince persista à vouloir monter à bord de la frégate; les officiers français s'y opposèrent formellement, et il fut obligé de remettre à M. Arago cette lettre étrange qui invitait le commandant français, sous peine de représailles, à ne pas courir sus aux bâtiments de commerce. L'impertinence de cette communication irrita le baron Roussin, et il répondit fièrement : « Il ne nous appartient pas de rien changer à la situation; le blocus et la saisie des bâtiments de commerce sont autorisés par les traités de 1856, dont la Prusse est signataire. » La réponse de l'amiral Fourichon, à qui le pli avait été transmis, donnait l'ordre à l'aviso prussien de se retirer immédiatement.

Les bâtiments de commerce furent poursuivis avec une ardeur nouvelle, et aucun n'échappa à la croisière.

La mission de l'amiral Bouët-Willaumez dans la Baltique était terminée. Quelques dépêches arrivèrent encore, entre autres celle qui annonçait la venue de M. Thiers sur le *Solférino*. « Toute l'escadre, disait le télégramme, escortera l'illustre diplomate jusque dans les eaux russes. » Mais il fut annulé par un autre, qui enjoignait, au contraire, au commandant en chef de regagner Cherbourg.

Avant de faire route pour la France, l'amiral descendit la côte du Sieswig, et, pour la dernière fois, alla offrir le combat à l'escadre ennemie. Il se tint toute la journée devant la Jaddhe, envoyant successivement ses frégates à l'entrée de la rivière, et narguant sa provocation de la façon la plus formelle. Les Prussiens ne bougèrent pas :

une fois de plus, ils n'avaient pas osé relever le gant. L'amiral, impuissant contre un ennemi décidé à ne pas se battre, mit le cap sur Cherbourg.

La Baltique avait été abandonnée aux glaces; seule, la mer du Nord restait notre champ de manœuvre. Mais les gros temps étaient arrivés, et les ravitaillements, qu'il avait été jusque-là si difficile de faire en pleine mer, devinrent impossibles; il fallait deux escadres, pouvant aller l'une après l'autre prendre des vivres à Dunkerque, pour rendre la croisière efficace. C'est dans ce sens que le ministre de la marine donna de nouveaux ordres. L'amiral Bouët et l'amiral Gueydon, qui avait remplacé M. Fourichon dans la mer du Nord, se partagèrent ce soin.

Bientôt le temps devint affreux sur rade comme au large; les coups de vent succédaient aux coups de vent; la mer était parfois monstrueuse. Les équipages étaient écrasés de fatigue. Les lames déferlaient sur le pont, et les hommes, qui, pendant de longues nuits n'avaient aucun abri contre un froid rigoureux, ne trouvaient pas dans les batteries, complètement inondées, un morceau de toile sèche pour remplacer leurs vêtements mouillés. Les brouillards laissaient bien rarement pénétrer jusqu'à eux un rayon de soleil; les nuits étaient sans étoiles, et comme l'on ne pouvait que difficilement procéder aux observations astronomiques, on était souvent forcé de naviguer dans ces parages dangereux sans connaître exactement la position que l'on occupait. Malgré cela, on n'entendait jamais un murmure, jamais une plainte, et les exercices se faisaient comme le premier jour, avec la même régularité. C'étaient surtout les souffrances morales qui attristaient nos marins. Un sentiment amer de regret remplissait leurs cœurs quand ils pensaient que, prêts pour le combat et espérant vaincre, ils avaient vu l'ennemi battre en retraite. Et puis n'avaient-ils pas le droit d'envier le sort de leurs camarades, qui, à la tête des armées, en colonnes d'attaque ou derrière les bataillons de ligne, se couvraient journellement de gloire et méritaient les éloges de la patrie?

Les vents, la mer et le ciel, qui semblaient s'être conjurés contre eux, ne purent les contraindre à abandonner la lutte, et, jusqu'à la fin, les frégates continuèrent leur double service. La *Surveillante* seule, autrefois le navire amiral, rentra au bassin de Cherbourg. Après quarante-huit heures passées en perdition, ce bâtiment, qui avait perdu son gouvernail, revint en France à la remorque de la *Revanche*.

D'autres divisions navales ne prenaient pas une part moins active à la guerre en-dehors de l'Europe. Le contre-amiral Dupré avait sous son commandement, dans les mers de Chine, la frégate la *Vénus*, et les deux avisos le *Dupleix* et le *Linois*. Il offrit le combat à l'escadre ennemie : les Prussiens, au lieu de répondre au défi, prirent la fuite et allèrent se réfugier à Yokohama, d'où ils ne sortirent plus.

Le 8 novembre, l'aviso français le *Bouvet*, commandé par M. Franquet, capitaine de frégate, et la canonnière prussienne le *Monitor*, navire plus fort que le *Bouvet* comme échantillon et comme artillerie, étaient mouillés sur la rade de la Havane. Ce jour-là, le paquebot français appareilla pour retourner en France. Le *Monitor*, violant le droit des neutres, — les conventions internationales exigent qu'une puissance neutre ne permette la sortie de ses ports d'un belligérant que vingt-quatre heures après le départ du navire de l'autre puissance ennemie, — lui donna aussitôt la chasse. Le *Bouvet*, voyant qu'il avait peu de chance d'échapper à cette poursuite, rentra à la Havane, et M. Franquet fit demander au capitaine-général espagnol des explications sur un pareil fait, qui était une insulte pour le pavillon espagnol aussi bien que pour le nôtre. Le capitaine-général envoya un aide-de-camp auprès du commandant du *Monitor*, qui répondit que son but avait été de provoquer le *Bouvet*.

Cette nouvelle, apportée à bord du navire français, fut accueillie avec bonheur, car la décision du commandant Franquet n'était pas douteuse; il acceptait le cartel et priait le commandant du *Monitor* de se trouver le lendemain, à neuf heures, en-dehors des eaux espagnoles.

Le lendemain, les deux champions étaient en présence. Après quelques coups de canon tirés à grande distance et restés sans effet de part et d'autre, la lutte s'engagea véritablement. Le commandant Franquet attaqua. Il avait reconnu le point faible de l'ennemi, et, la machine donnant toute sa vitesse, l'avant du *Bouvet*, comme un terrible bélier, alla frapper en plein bois le bâtiment prussien. Une partie de la mâture du *Monitor* tomba, abattue par le choc, et le navire s'inclina fortement sur l'un de ses bords. Le commandant Franquet, se retirant rapidement, se disposait à achever, par une seconde attaque, la perte de l'ennemi, quand un boulet, coupant le tuyau d'évacuation, vint paralyser sa machine, qui enveloppa l'aviso d'un immense nuage de fumée. Alors se produisit un spectacle d'un effet étrange · la fumée se dissipa et l'on vit le *Bouvet*, toutes voiles dehors, se diriger vers le mouillage qu'il avait quitté le matin. L'équipage avait accompli un prodige de manœuvre. Pendant ce temps-là, des remorqueurs conduisaient dans le bassin la canonnière prussienne coulant bas d'eau. L'ennemi avait eu huit hommes tués et onze blessés; nous n'avions que quelques blessés.

M. Franquet fit proposer un nouveau cartel au commandant du *Monitor*, pour le jour où ses avaries seraient réparées; l'officier prussien ne l'accepta pas.

La marine française, on le voit, pendant la guerre de 1870-1871, sur terre comme sur mer, a noblement accompli son devoir. Le blocus infligea au commerce allemand un dommage qu'on n'évaluait pas à moins de cinq millions par jour; des prises nombreuses furent faites par nos escadres

dans la mer du Nord, et en-dehors de l'Europe
par les bâtiments de nos stations navales; partout
enfin les couleurs nationales furent portées haut
devant l'ennemi, qui ne put que fuir devant nos
escadres.

VI

La marine compte différents corps organisés :
les équipages de ligne, plusieurs régiments d'infanterie, un ou plusieurs bataillons de gendarme-
rie, une compagnie de discipline, et un certain
nombre de gardes chiourmes pour le service du
bagne. Le corps des officiers se compose d'amiraux, de vice-amiraux, de contre-amiraux, sous
les ordres desquels sont placés les capitaines de
vaisseaux, les capitaines de frégates, les lieute-
nants de vaisseaux, les enseignes et les aspirants.
Il y a encore le génie maritime, les ingénieurs, les
inspecteurs des services administratifs, les comp-
tables, le service chirurgical, etc.

Comme les autres professions, celle de marin
exige des études préalables, un apprentissage, à
proprement parler, dans lequel la théorie marche
de front avec la pratique. Aussi toutes les puissances maritimes ont-elles leurs écoles de marine,
établies dans quelque grand port militaire. Pendant longtemps la France seule offrit la ridicule
anomalie d'une école de marine à Angoulême, à
plusieurs kilomètres de la mer. Cette étrange organisation, qui faisait la fable de l'Europe, a dis-

paru, et notre école de marine est maintenant à bord d'un vaisseau de ligne, sur la rade de Brest.

Le département de la marine entretient aussi une école d'application du génie maritime, une école de pyrotechnie, de nombreuses écoles d'hydrographie, trois écoles de maistrance, cinq écoles d'apprentis ouvriers, deux écoles de matelots canonniers, une école de mousses, une institution pour les pupilles de la marine.

Outre les grands centres de travaux pour les chefs-lieux d'arrondissements maritimes, il y a quatre grandes usines : Indret, pour les machines à vapeur; Ruelle et Saint-Gervais, pour les fonderies de canons; les forges de Chaussade, à Guérigny, pour la fabrication des ancres, des câbles, chaînes, etc. On faisait fondre les projectiles à Charleville et à Mézières avant l'occupation allemande.

Près du ministre de la marine sont établis un conseil d'amirauté, un conseil des travaux de la marine, une commission de perfectionnement pour l'enseignement de l'école navale.

Le territoire maritime est divisé en cinq arrondissements ou préfectures, douze sous-arrondissements, quatre-vingt-quatre quartiers ou sous-quartiers. Il est administré par des commissaires de l'inscription, ainsi nommés et répartis : dans chaque arrondissement, un préfet; dans chaque sous-arrondissement, qui n'est pas en même temps chef-lieu d'arrondissement, un chef de service, commissaire général au Hâvre, à Nantes et à

Bordeaux; simple commissaire à Dunkerque, à
Saint-Servan, à Marseille et en Corse; dans un
sous-quartier, un aide-commissaire. Chaque officier réside au chef-lieu qui donne le nom à la cir-
conscription.

Sous le premier empire, le littoral était partagé
en six préfectures maritimes : Dunkerque, le
Hâvre, Brest, Lorient, Rochefort et Toulon. Depuis 1816, le nombre des préfectures n'est plus
que de cinq : Cherbourg, Brest, Lorient, Rochefort et Toulon.

L'armée navale compte, en temps de paix, trente
mille hommes, qui se recrutent principalement
parmi les marins de l'*inscription maritime*. Tous
les individus qui se livrent à la navigation sont
tenus, à l'âge de dix-huit ans, de se faire inscrire
au bureau de leur quartier maritime, et ils sont
obligés de servir sur les bâtiments de l'Etat lorsqu'ils en sont requis, jusqu'à l'âge de cinquante
ans; mais, tant qu'ils ne sont pas commandés
pour le service, ils sont libres de s'embarquer sur
des navires de commerce ou de pêche.

L'effectif de la marine de l'Etat était, il y a
quelques années, de quatre cent soixante-deux
bâtiments tant à flot qu'en construction, soit à
voiles, soit à vapeur, soit mixtes; — on appelle
bâtiments mixtes ceux qui vont à la voile et à la
vapeur. On comptait cinquante vaisseaux, quatre-
vingt-trois frégates, quatre-vingts corvettes, et
deux cent soixante-neuf bâtiments d'un rang inférieur. Ce nombre est naturellement accru depuis

cette époque. Ajoutons que la flotte commençait dès lors à subir une modification, par suite de laquelle elle devait bientôt avoir tout entière la vapeur pour force motrice.

Quant à la marine commerciale, elle emploie, pour le commerce extérieur, environ seize mille navires, jaugeant un million neuf cent mille tonneaux, et parmi eux environ trois cents bâtiments à vapeur, ayant une force de vingt-trois mille chevaux. Le cabotage, c'est-à-dire la navigation côtière, — de cap en cap, en portugais *cabo*, — emploie annuellement en moyenne soixante-dix-sept mille navires, jaugeant deux millions cinq cent mille tonneaux et montés par trois cent mille marins. Le nombre total des ports maritimes de France est d'environ quatre cents.

L'Empire avait proclamé la liberté commerciale ; le gouvernement s'appliqua à aider le commerce à rivaliser avec l'étranger. Non content d'agrandir nos ports, il résolut de créer enfin notre grande navigation à vapeur transatlantique. Depuis longtemps des compagnies anglaises exploitaient les lignes des Antilles, du Brésil et des Indes-Orientales. En France, des tentatives n'avaient abouti, en 1840 et 1845, qu'à l'adoption de projets de lois demeurés lettre morte. En 1857, le Corps législatif adopta également un projet de loi : il s'écoula plusieurs années avant sa mise à exécution. Mais, en 1860, le gouvernement fit des conventions avec deux compagnies, la compagnie impériale et la compagnie transatlantique ; le

Corps législatif les approuva (loi de 1861), et dès lors nous eûmes des lignes régulières de paquebots unissant la France aux Indes et à l'Asie, par les transatlantiques d'Amérique et les messageries.

VII

La vie du marin se passe au milieu des périls, et, sur les champs de bataille de l'Océan, il a à lutter à la fois contre les dangers de la mer et contre le feu de l'ennemi. Aussi possède-t-il généralement un courage que rien ne déconcerte, et ce courage est attesté par des preuves innombrables. Obligé de nous renfermer dans les limites qui nous sont imposées, nous n'ajouterons qu'un exemple à celui que nous a donné la mort héroïque de l'enseigne Bissont : c'est encore à M. Ambroise Rendu que nous l'emprunterons.

Parmi les beaux faits d'armes qui signalèrent, durant les guerres de l'Empire, les tentatives audacieuses de nos prisonniers pour recouvrer leur liberté, on doit rappeler, comme un des plus admirables, l'enlèvement du cutter anglais l'*Union*, par le capitaine français Joseph Hénon, de Saint-Hilaire.

Formé de bonne heure à la difficile navigation des côtes bretonnes, si hérissée d'écueils, le jeune Hénon avait été nommé second chef de timonerie, c'est-à-dire l'un de ceux qui gouvernent les hommes attachés au gouvernail ou timon du navire ; il servait en cette qualité à bord de la frégate le *Président*.

En 1806, elle tomba au milieu d'une division anglaise. Un combat opiniâtre s'engagea ; la frégate française se trouva dans la nécessité de céder à des forces démesurément supérieures. Son équipage fut envoyé à Plymouth, ville et port militaire au sud de l'Angleterre, et renfermé dans *Hill-Prison,* près de la citadelle.

Il y avait trois années que François Hénon gémissait sous les verrous, lorsqu'il résolut de mettre à exécution le plan qu'il avait conçu depuis longtemps pour recouvrer sa liberté. Il communiqua à quatre braves comme lui le projet qu'il avait formé, et ce projet, malgré les dangers qui l'environnaient, fut accueilli avec enthousiasme.

Les cinq Français parviennent, au milieu d'une nuit obscure, et grâce à leur agilité, à tromper la vigilance des soldats anglais ; ils franchissent les obstacles, bravent les coups de fusil, et se trouvent dans les champs, libres de toute entrave.

Après avoir erré à l'aventure pendant quarante-huit heures sur le bord de la mer, ils se jettent à la nage pour s'emparer d'un petit canot, armé de quatre avirons, qui était ancré dans une crique. — On appelle ainsi une baie étroite qui forme dans les terres un enfoncement où de petits bâtiments peuvent se mettre à l'abri. — Malgré les faibles dimensions de l'embarcation, ils ne balancent point à prendre la pleine mer. Munis chacun d'un poignard qu'ils ont fabriqué eux-

mêmes, ils sont décidés à aborder le premier navire qu'ils rencontreront. Etre libres ou périr! s'é-
crient-ils. Ils rament avec courage, et leur esquif
sort avant le jour de la vaste baie de Plymouth.

Au lever du soleil, Hénon et ses camarades
étaient à deux lieues de Weymourg, port voisin
de Plymouth, lorsque tout-à-coup le vent changea et souffla avec une violence extrême. Nos
braves luttèrent contre les flots soulevés; mais
leurs courageux efforts devinrent inutiles devant
les fureurs de la tempête, et le bateau, enlevé
comme une algue, fut jeté sur les rochers de la
côte, où il se brisa.

Plusieurs hommes accoururent pour porter secours aux naufragés; mais, reconnaissant en eux
des Français, ils furent sans pitié pour les fugitifs.
A peine ces malheureux purent-ils marcher, que
les Anglais qui les avaient recueillis allèrent les
livrer au commissaire préposé à la surveillance
des prisons, et celui-ci leur remit le prix de leur
capture.

Ce chef condamna impitoyablement chacun des
prisonniers à quarante jours de cachot à bord du
ponton le *Généreux*, ancré à deux milles de Hill-
Prison, sur la Tamer, rivière qui débouche dans
la baie de Plymouth. — Le *Généreux* était un de
ces vieux vaisseaux rasés sur lesquels les Anglais
entassaient souvent les Français pris dans les combats. — Là, ils ne reçurent qu'une demi-ration ;
l'autre portion était vendue au profit du proprié-
taire du bâtiment, qui ne rougit point d'en recevoir le prix.

6

A quelque temps de là, Hénon tenta une nouvelle évasion ; mais elle échoua et attira sur lui un terrible châtiment.

Néanmoins, poussé par cet instinct de la liberté qui porte parfois le prisonnier à braver la mort pour échapper à la captivité, il veut essayer une troisième fois de briser ses fers. Déterminés à affronter tous les périls qui se présenteront, ces huit braves se mettent à l'œuvre pour hâter le moment de leur délivrance.

Après des travaux inouïs, exécutés avec une patience incroyable, ils parvinrent à percer l'épaisse coque du ponton. Les précautions qu'ils prenaient durant leur long et pénible ouvrage, pour en cacher les progrès, furent si ingénieuses que les Anglais, malgré une surveillance de chaque jour et même de chaque heure, ne purent s'en apercevoir.

Le 25 juin 1810, au soir, les huit captifs se disposèrent à quitter le hideux ponton, et, pour cela, chacun d'eux se pourvut d'un petit sac si bien enduit de suif et si bien fermé, que l'eau n'y pouvait entrer ; ce sac contenait quelques vêtements et un poignard. Hénon avait ajouté à ce bagage une petite boussole qu'il avait faite lui-même, et qui devait servir à guider la troupe au milieu de la mer.

A onze heures, l'obscurité étant devenue profonde sur les eaux de la Tamer, les intrépides Français démasquent le trou qu'ils ont pratiqué dans les flancs du *Généreux ;* ils se glissent doucement et l'un après l'autre dans le fleuve, afin de gagner à la nage un point de la rive opposée. Ils devaient s'y rallier au nombre de huit seulement; aucun autre parmi les huit cents prisonniers du navire n'avait osé les suivre dans leur périlleuse entreprise.

Ils trouvèrent plusieurs embarcations échouées au milieu des vases, mais toutes étaient démunies des objets essentiels pour les manœuvrer. Leur embarras était des plus grands, lorsque Hénon et Dénéchant, de Nantes, aperçurent près d'eux un chantier de construction, où ils prirent quatre morceaux de bois pour remplacer les avirons qui leur manquaient; leurs compagnons accoururent à leur aide, et, avec ces rames improvisées, ils se dirigèrent vers les embarcations. Le choix s'arrêta sur le plus léger des bateaux qu'ils avaient à leur disposition, et, le poussant au large, ils voguèrent tous les huit à la recherche d'un bâtiment à leur convenance.

Enveloppé dans l'ombre qui voilait la surface du fleuve, le canot, sans être remarqué, put prendre connaissance de plusieurs navires qui étaient à l'ancre. L'étude qu'en firent les fugitifs leur révéla la nature de ces bâtiments, qui étaient tous des frégates ou des vaisseaux de guerre. En continuant leur investigation à la faveur des ténèbres, qui confondaient ensemble la terre, les navires, le ciel et les eaux, ils découvrirent, à quelque distance des vaisseaux de haut bord, un cutter de quarante-cinq à cinquante tonneaux; c'é-

tait l'*Union*, chargé de poudre de guerre. Par
l'apparence extérieure de ce navire, qui joignait à
des formes élancées un gréement léger et bien
tenu, ils présumèrent que ce devait être un des
bâtiments armés par la douane, et, dans le premier moment, ils hésitèrent à l'accoster. Cependant, réfléchissant qu'il ne pouvait avoir, d'après
ses dimensions, plus de trente hommes d'équipage, ils se sentirent assez d'énergie pour l'enlever à l'abordage.

Hénon et les braves qui l'ont suivi, pleins d'enthousiasme et ne reculant devant aucun danger,
décident à l'unanimité qu'ils tenteront de se rendre maîtres du cutter, quoiqu'il soit au fond du
port, sous les batteries de l'escadre et sous celles
de la forteresse formidable qui protége la rade.

Déposant aussitôt leurs poignards pour ce coup
de main audacieux, ils poussent vers l'*Union*, as-
signent à chacun d'entre eux le poste qu'il doit
occuper dans cette attaque nocturne, et prennent
pour leurs mots d'ordre et de ralliement ceux de
Liberté et Patrie.

Ainsi disposés, ils accostent l'*Union*, déterminés à triompher ou à périr ; mais, en abordant, ils
reconnaissent à leur grande surprise que ce cutter n'était pas armé en guerre. En effet, l'*Union*
était un des bâtiments de transport affectés au service des vaisseaux de la marine royale, et quoiqu'il fût chargé de poudre, il restait confié à la
garde d'un seul homme. Le capitaine et les matelots formant son équipage étaient allés se cou-

cher; ils ne devaient revenir qu'avec le jour et
apporter les provisions nécessaires pour le temps
de leur expédition, qui durait rarement plus de
quarante-huit heures.

Il n'était encore qu'une heure du matin, et nos
Français ne pouvaient appareiller avant que le
coup de canon tiré par le vaisseau amiral permît
les communications. En attendant ce signal, ils
avaient descendu l'Anglais prisonnier dans la
chambre du cutter, où deux des leurs le gardaient
à vue, menaçant de le tuer s'il prononçait une
seule parole qui pût compromettre leur sûreté.

A deux heures trois quarts, aux premières
lueurs du firmament, le canon retentit à bord de
l'amiral, et les échos d'alentour répercutèrent la
détonation. La circulation étant permise dans le
port et sur la rade, nos gens coupèrent le câble de
l'*Union* pour mettre plus vite à la voile, et, favo-
risés par un bon vent, ils s'éloignèrent de l'an-
crage que le cutter occupait.

Mais quel sang-froid, quelle présence d'esprit
et quelle intelligence devaient présider à la fois à
l'exécution de cette entreprise! Maintenant, il
leur fallait sortir du port de Plymouth, qu'ils
n'avaient pu étudier qu'imparfaitement, et éviter
les écueils qui l'avoisinent; il leur fallait longer
les vaisseaux de guerre répandus sur l'espace
qu'ils parcouraient, et naviguer durant plusieurs
heures parmi les bâtiments qui avaient mis
sous voiles pour prendre le large, sans qu'aucune
hésitation, aucune fausse manœuvre vînt révéler

qui ils étaient. A force d'habileté et d'audace, ils réussirent à tout.

Cependant leurs cœurs se serrèrent quand ils passèrent devant Hill-Prison, cette affreuse demeure où leurs compatriotes gémissaient dans une dure captivité.

Hénon avait pris le commandement de l'*Union*. et, grâce à sa petite boussole, que, par une heureuse prévoyance, il avait mise dans son sac, il put guider le navire au milieu des flots ; le cutter, ne faisant que la navigation des bords de la Tamer à ceux de la grande rade de Plymouth, n'avait ni compas, ni lampe, ni provisions.

Le vent, qui s'était maintenu au nord, avait augmenté de force, et l'*Union*, sous toutes voiles, traversait rapidement l'espace entre Plymouth et la côte bretonne. A la vérité, Hénon avait l'œil à tout et ne négligeait aucun changement de l'atmosphère pour obtenir de l'embarcation britannique la plus grande vitesse possible. Les huit marins, mourant de faim, avaient tous hâte d'atteindre un port armé, où ils pussent se procurer des aliments dont leurs estomacs épuisés avaient grand besoin.

L'activité déployée par Hénon eut les plus heureux résultats : le lendemain, à l'aube, l'*Union* était si près des rochers qui bordent la côte française, qu'aucun ennemi ne pouvait lui barrer le passage. Il était temps, car les fugitifs ne se trouvaient plus qu'à une lieue d'un des nombreux bâtiments légers dépêchés à leur poursuite.

Mais, là, de nouveaux dangers attendaient les huit valeureux marins, et ils faillirent périr au terme de leur entreprise. Obligés d'arborer un pavillon, ils ne pouvaient hisser en tête du mât que le seul drapeau qu'ils eussent à bord. Le pavillon anglais, à fond rouge avec trois canons blancs, était le signal distinctif du cutter, chargé du transport des poudres dans un port anglais, et il mit en émoi les canonniers des batteries de la côte, qui firent feu sur l'*Union*.

Malgré la pluie de fer qui vint les assaillir à l'entrée d'un port armé et mettre leur courage à une nouvelle épreuve, malgré les projectiles battant la mer si près du cutter, que l'eau, qui rejaillissait sous le choc, couvrait tout le pont, Hénon, sans rien perdre du sang-froid dont il avait fait preuve jusque-là, faisait entrer l'*Union* dans le port.

Cette résolution de la part de ceux qui montaient le bâtiment frappa les artilleurs; ils se dirent qu'un bâtiment aussi faible, dont ils n'avaient rien à redouter par eux-mêmes, devait avoir, pour affronter leurs boulets, un tout autre motif que celui d'une attaque qui ne lui laissait que des chances de destruction; ils cessèrent de tirer, et un pilote se hasarda à aborder l'*Union*. Cet homme reconnut des compatriotes, et il conduisit le cutter dans le petit port de Roscoff, sur le littoral du Finisterre.

Hénon et ses camarades débarquèrent épuisés, mais triomphants du succès de leur entreprise, et ils remirent leur glorieuse conquête aux autorités françaises.

L'enlèvement de l'*Union* fit grand bruit en France et en Angleterre. Amis et ennemis apprirent avec une égale admiration l'action héroïque de ces hommes énergiques qui avaient pu, par un trait d'audace inouï, se rendre maîtres d'un bâtiment de l'Etat, au milieu d'un port sous les forts de Plymouth.

On vient de voir ce que purent faire quelques-uns de nos compatriotes pour recouvrer leur liberté : le récit suivant, tiré de celui de nos ouvrages qui a pour titre : *Souvenirs de deux marins,* montrera encore que l'homme de mer sait conserver, même au milieu des circonstances les plus affreuses, cette fermeté devenue proverbiale qui le caractérise. C'est un vieil officier qui raconte à des enfants un naufrage auquel il assista.

La guerre avec ses dangers, dit M. Letroadec, l'abordage avec ses fureurs, n'ont rien de comparable avec la position d'infortunés qui se voient descendre lentement dans l'abîme, sans aucune espérance de secours, ou qui, entassés dans une étroite chaloupe, errant au gré des vagues et des vents, se trouvent réduits, pour prolonger leur vie de quelques jours, à dévorer jusqu'à leurs vêtements et à se manger les uns les autres. Ah! c'est surtout dans ces luttes contre les éléments que l'homme a besoin de cette énergie, de cette résignation par laquelle il devient mille fois plus admirable à nos yeux que par sa bravoure sur les champs de bataille.

J'étais revenu à Brest à l'expiration d'un congé. Je fus attaché aux travaux du port en qualité de lieutenant de vaisseau, et j'y restai jusqu'en 1835. On armait, à cette époque, une frégate destinée à faire un voyage de circumnavigation. Comme je n'avais jamais voyagé dans les mers du Sud, je cédai au désir de visiter les côtes d'Asie et je demandai à faire partie de l'expédition. **Ma** demande fut accueillie favorablement.

Nous allions passer sous la ligne, nous dirigeant vers la Californie, quand un violent incendie éclata à notre bord. Le capitaine jugea au premier coup d'œil qu'il serait impossible de maîtriser le feu, les flammes allaient bientôt gagner les poudres. Il ordonna d'ouvrir de larges voies d'eau dans le pont. Les flots se précipitèrent avec impétuosité dans la frégate et parvinrent à arrêter les progrès du feu. Mais ce fut un autre danger : chacun comprit que le navire ne pouvait tarder à s'ensevelir dans la mer. Les hommes de l'équipage cependant ne perdaient pas leur sang-froid : pleins de confiance dans le Ciel et dans leurs officiers, ils s'offrirent pour confectionner des radeaux et armer les canots et la chaloupe.

Avant de consentir à leur demande, le commandant fit monter un matelot au grand mât, souhaitant, sans oser l'espérer, qu'il courût au loin quelque bâtiment. Le matelot parcourut l'horizon d'un regard inquiet; puis tout-à-coup, agitant

son chapeau, il s'écria : Une voile sous le vent!
Cette bonne nouvelle fut reçue avec des cris de
joie. Mais, hélas! le navire aperçu était à une
distance telle qu'il n'entendit point notre voix et
ne vit point nos signaux. Nous avions dû jeter
nos canons à la mer pour soulager la frégate, et
nous n'avions plus aucun moyen de l'informer de
notre détresse.

Le capitaine donna l'ordre de préparer des
radeaux et les embarcations, et d'opérer le trans-
bordement. On se mit immédiatement à l'œuvre,
et, au bout de deux heures, la chaloupe, les canots et plusieurs radeaux étaient rangés le long
de la frégate. Malgré le désir de chacun d'abandonner au plus vite le bâtiment, la discipline fut
sévèrement gardée. Les mousses descendirent
d'abord, puis les matelots, enfin les officiers.
Quelques minutes après, la frégate disparaissait
dans les profondeurs de l'Océan.

Le capitaine prit le commandement de la chaloupe, les autres officiers furent chargés chacun
de la direction d'un canot ou d'un radeau. On
avait embarqué des vivres et de l'eau pour plusieurs semaines. On devait naviguer de conserve
et tâcher de ne point se perdre de vue. C'est ce
qu'on fit pendant dix jours. Au bout de ce temps,
on n'avait pas encore rencontré ni un navire ni
une terre. Le onzième jour, on aborda à une
petite île pour faire de l'eau, mais sans oser pénétrer à l'intérieur, car les dispositions des insulaires paraissaient très hostiles.

Cependant les vivres commençaient à diminuer. Le capitaine crut prudent de partager les embarcations en plusieurs groupes. Il distribua entre eux les armes, les instruments nautiques et les provisions qui restaient. Puis l'on se dit adieu, en faisant des vœux pour se retrouver plus tard. La séparation fut navrante. Tous ces hommes qui, depuis quinze jours, avaient déjà tant souffert, pleuraient comme des enfants à l'idée de ne plus se revoir.

Je commandais l'un des canots qui suivirent le capitaine. Comme nous possédions une boussole, nous cherchâmes à atteindre, non les côtes de l'Amérique, dont nous étions beaucoup trop éloignés, mais l'un des nombreux archipels répandus dans cette partie de l'Océan. Notre intention était d'aborder aux îles Pelew ou Palas. Nous nous dirigeâmes de ce côté en conséquence; mais nous ne pouvions gouverner facilement, et le vent nous eut bientôt jetés hors de notre route. Les vivres diminuaient de plus en plus. En quittant la frégate, chaque homme avait reçu d'abord pour ration un biscuit et un litre d'eau, puis cette ration avait été réduite à un demi-biscuit et un demi-litre d'eau. Nous souffrions beaucoup de la pluie, qui ne cessait de tomber depuis quelque temps, et la faim se faisait déjà sentir. Nous nous mîmes à manger nos souliers, nos vêtements, et même des morceaux de bois. Rien ne pouvait assouvir notre faim. Quand il n'y eut plus rien à dévorer, nous en vînmes, vous le dirai-je, à nous nourrir de chair humaine!

Oui, mes enfants, de chair humaine, répéta le vieil officier, en accentuant chaque syllabe comme quelqu'un qui se rappelle une monstruosité inouïe. Le moment arriva où il fallut sacrifier une première victime au salut de tous. Sur un signal du commandant, toutes les embarcations rallièrent la chaloupe, et il fut décidé qu'on tirerait à la courte paille. Déjà un matelot présentait au capitaine son chapeau, devenu l'urne fatale, quand une idée subite traversa mon esprit; j'avais trouvé le moyen de sauver notre brave commandant. « Camarades, m'écriai-je, qu'allons-nous faire ? Si le capitaine est désigné par le sort pour mourir, que deviendrons-nous sur ces mers inconnues? Lui seul peut nous guider vers quelque continent; en lui ôtant la vie, nous nous perdons tous. Et si nous avons le bonheur de rentrer dans notre patrie, qu'aurons-nous à répondre à ceux qui nous demanderont ce que nous avons fait de notre chef? Il ne faut pas que le commandant meure ; Dieu nous refuserait désormais son secours. »

— Le lieutenant a raison, répondit-on de toute part, et il fut aussitôt arrêté que le commandant ne tirerait pas au sort.

Mais alors s'élevèrent des réclamations de plus d'une espèce. L'un disait que sa femme et ses enfants n'avaient que son travail pour vivre; l'autre, que sa vieille mère comptait uniquement sur lui; un troisième, encore très jeune, ne pouvait se résoudre à mourir. Tous voulaient vivre, et vivre aux dépens de leurs voisins.

Nous ne savions comment sortir de cette difficulté, quand un homme qui assistait à nos débats sans rien dire se leva et fit une proposition qui portait à tout concilier. C'était un nègre à la fleur de l'âge, d'une santé robuste, et sur qui les privations endurées depuis le naufrage n'avaient pas exercé des ravages aussi funestes que sur la plupart des matelots. Pietro, — ainsi se nommait ce nègre, — avait été racheté de l'esclavage par notre commandant, dans les colonies françaises, et, depuis cette époque, il avait suivi partout son maître, à qui il était très dévoué. Soit qu'il craignît que le trépas de son cher capitaine n'eût été différé, soit qu'il crût nous sauver tous en nous sacrifiant, il s'adressa ainsi à ceux qui l'entouraient :

— Mes amis, je n'ai pas les mêmes motifs que vous de vivre ; je suis seul au monde, sans famille qui s'intéresse à moi. Avec la permission du commandant, je consens à périr pour vous, et puisse ma mort vous sauver ! C'est tout ce que je demande à Dieu.

Ce langage dans la bouche d'un homme que personne n'aurait jugé capable d'un pareil héroïsme, m'arracha des larmes. Le capitaine fit un pas vers Pietro et l'embrassa avec effusion. Il ne pouvait se décider à accepter son offre généreuse.

Dans une situation si désespérée, la Providence daigna jeter un regard de commisération sur tant

7

d'infortunés. Le capitaine annonça le lendemain
que, par suite du changement de vent survenu
depuis trois jours, nous nous étions considérablement approchés des îles Pelew et que nous y abor-
derions peut-être avant la nuit. Cette nouvelle
rendit le courage à ceux mêmes qui paraissaient
les plus abattus. La journée se passa dans les
alternatives de l'espérance et de la crainte : on
s'était déjà cru tant de fois près de rencontrer la
terre! Si le commandant s'était encore trompé!
Mais non; vers six heures de l'après-midi, un
matelot distingua nettement la côte à l'horizon.
Au cri de *Terre!* chacun se leva, et fixant les
yeux sur le point indiqué, s'assura par lui-même
que ce n'était pas une illusion.

Le matelot avait dit vrai, nous avions devant
nous une île, nous résolûmes d'y descendre.
Dussions-nous être tous massacrés par les naturels,
cette mort nous semblait plus douce que celle à
laquelle la faim et la soif nous exposaient. D'ailleurs, nous avions enc... e des armes, et nous
vendrions chèrement notre vie.

La chaloupe aborda, ainsi que les deux canots
qui l'accompagnaient, en remorquant un vaste
radeau. Vingt-cinq hommes se rendirent à terre
pour reconnaître le pays. Leur absence dura
longtemps. Nous crûmes qu'ils avaient succombé
sous les coups des sauvages, et le commandant
songeait déjà à s'éloigner de ces rivages perfides,
quand nous les vîmes revenir tous sains et saufs.
Derrière eux marchait un noir qu'on pouvait

prendre pour le chef de l'île, et qui nous invita à laisser là nos embarcations et à le suivre. Le capitaine voulut savoir jusqu'à quel point il pouvait se fier à sa parole. L'officier qui était allé à la découverte s'empressa de le rassurer, en lui racontant comment ils avaient fait la connaissance de celui qu'ils croyaient être le roi des insulaires.

— Nous avons, nous dit-il, suivi la côte pendant quelque temps; après une heure de marche, nous sommes arrivés à une espèce de cabane auprès de laquelle nous avons aperçu plusieurs nègres endormis à l'ombre d'un arbre. Deux chiens énormes veillaient à côté d'eux. A l'approche des étrangers, les molosses se mirent à aboyer et réveillèrent les noirs. L'un d'eux, qui semblait être le maître, saisit un fusil étendu à terre et fit mine de s'en servir contre nous; il nous prenait pour des ennemis. Nous nous sommes efforcés de leur faire comprendre par des signes que nous n'en voulions nullement à sa vie; il fit taire les chiens et déposa son arme. Alors Jacques Kervert, le ²bier, qui avait séjourné longtemps en Angleterre, eut l'idée de lui adresser la parole en anglais. Le chef comprenait assez bien cette langue. Il parut touché de notre infortune et promit de nous venir en aide. Puis il demanda que nous l'amenassions aux embarcations, afin de chercher nos camarades, car nous pouvions être exposés à de mauvais traitements de la part des naturels. Il nous a aussi engagés à ne pas trop nous avancer dans l'île et à ne jamais nous risquer dans les endroits solitaires, si nous tenions à ne pas être égorgés par ses sujets.

Le prince noir, à qui le gabier servait de trucheman, entra en relations avec notre capitaine. Il exigea que chacun de nous lui remît ses armes, même son couteau, et tout l'argent qu'il possédait. Nous avions une envie démesurée de donner une leçon à cet affreux moricaud, mais le sentiment de notre position nous empêcha de commettre une imprudence qui nous eût été funeste. Tout le monde obéit et feignit de croire à sa bonne foi, quand il assura que ces objets nous seraient rendus à notre départ, et qu'il voulait seulement les placer en lieu sûr. Inutile de dire qu'ils ne nous furent jamais restitués.

Nous laissâmes, non sans une certaine inquiétude, nos embarcations amarrées au rivage, et nous pénétrâmes dans l'île. A peine avions-nous fait un kilomètre, que notre troupe fut entourée de sauvages. Le roi tâcha de nous protéger tant bien que mal contre les exigences des insulaires, mais sans parvenir à les écarter. Ils nous fatiguaient par leurs cris rauques et par les regards de convoitise qu'ils fixaient sur nos vêtements. Quelques-uns en voulaient particulièrement au paletot du commandant, dont les boutons dorés brillaient au soleil, et, comme il ne se souciait pas de s'en dépouiller pour leur faire plaisir, l'un d'eux leva sa hache pour lui fendre la tête. Le chef comprit qu'il était temps d'intervenir; il donna son propre fusil au capitaine, et l'autorisa à tuer le premier de ses sujets qui oserait le maltraiter.

Nous nous installâmes dans un petit bois voisin de l'habitation du roi, et tout près de la côte. Nous mangeâmes des coquillages et des fruits, puis nous nous étendîmes à terre et nous nous endormîmes profondément.

Le capitaine, de peur de surprise, avait établi un poste et posé des sentinelles; cette précaution fut heureusement inutile. Les sauvages s'étaient dispersés sur l'ordre de leur chef, et rien ne vint troubler notre repos.

Le lendemain, le commandant jugea à propos de se rapprocher des embarcations. Nous allâmes bâtir des huttes à quelque distance de notre premier bivouac, sur un terrain d'où nous pouvions facilement surveiller les canots et guetter le passage d'un navire européen. Deux matelots furent successivement chargés de ce soin.

Les insulaires s'habituèrent à nous voir, et nous n'avions point à nous plaindre de leurs procédés à notre égard. Tous les jours nous allions pêcher des crabes, qui composaient en grande partie notre nourriture. Nous y ajoutions une espèce de pomme de terre et des aliments grossiers que les indigènes consentaient parfois à nous donner en échange de morceaux de ferraille ou de boutons.

Le roi ne tarda pas à se convaincre que nous étions des gens inoffensifs, et il consentit à nous rendre nos couteaux. Il prit même à son service un matelot dont l'adresse lui plut infiniment; ce

7.

qui contribua encore à nous le rendre favorable.
Cet homme, très mauvais marin, mais un peu
cuisinier, savait préparer certains plats qui flat-
taient singulièrement le palais de sa majesté
nègre. Il faisait rôtir, en les arrosant d'une sauce
fortement épicée, les oiseaux que le prince tuait à
la chasse; il cultivait son petit jardin et exécutait
une foule de travaux. Son maître était émerveillé
de son talent.

Il y avait cinquante et un jours que nous étions
dans l'île, quand le matelot placé en vigie nous
prévint qu'il apercevait au loin un grand bâtiment. Tout le monde regarda vers le point indiqué. Le navire approchait; nous distinguâmes
bientôt très clairement un navire anglais. C'était
une frégate : elle se dirigeait de notre côté, et elle
ne manquerait pas assurément de passer assez
près de l'île pour entendre nos cris et voir nos
signaux. C'est ce qui arriva. Un officier fut envoyé
à terre avec la chaloupe. Après avoir entendu de
la bouche de notre capitaine le récit de nos mal-
heurs, il retourna à son bord et informa son commandant de ce qu'il avait appris. Une demi-heure
après, la chaloupe revint avec plusieurs canots,
et nous fûmes recueillis sur la frégate, qui nous
transporta à la Guadeloupe. Le gouverneur nous
reçut avec une bienveillance parfaite et s'occupa
de nous procurer promptement le moyen de revenir à Brest.

Quant aux malheureux que les circonstances
avaient obligés de se séparer de nous, leur sort

avait été plus triste encore que le nôtre. La plupart avaient péri sans rencontrer aucun secours; une vingtaine seulement avaient pu, après des souffrances inouïes, toucher à un rivage hospitalier, et de là regagner leur pays.

———————

Un résumé historique des découvertes qui ont successivement complété la connaissance du globe, permettra de se faire une juste idée du progrès et de la décadence maritime des nations; on verra ainsi quels sont les peuples qui, après s'être élevés au premier rang, ont insensiblement perdu leur suprématie et sont tombés dans une position secondaire.

1345 — Des navigateurs espagnols, selon les uns, génois, selon les autres, abordent aux Canaries. — Ces îles semblent avoir été connues des anciens, mais comme aucune relation ne s'établit entre les insulaires et le continent, leur découverte n'amena aucun résultat.

1405 — Jean de Béthencourt, de Dieppe, fait la conquête de ces îles.

1418 — Tristan Vaez et Zarco touchent à Porto-Santo.

1419 — Les mêmes abordent à Madère.

1440 — Le Cap-Blanc est découvert par Tristan Nuno, Portugais.

1448 — Les îles Açores, par Vello, Portugais.

1449 — Les îles du Cap-Vert, par Antonio Nolli, Portugais.

1471 — La côte de Guinée, par Jean Santarem, Portugais.

1484 — Le Congo, par Diego Cam, Portugais.

1486 — Le Cap de Bonne-Espérance, par Dias, Portugais.

1492 — San-Salvador, par Christophe Colomb.

1493 — Les Antilles, par le même.

1498 — La Trinité, par le même.

1498 — Les Indes (côtes orientales d'Afrique, côtes de Malabar), par Vasco de Gama.

1499 — Amérique (côtes orientales), par Ojeda, accompagné d'Améric Vespuce.

1500 — Rivière des Amazones, par Vincent Pinçon, Espagnol.

1502 — Le Brésil, par Alvarès Cabral, Portugais.

1502 — Terre-Neuve, par Cortereal, Portugais.

1506 — Ceylan, par Laurent Alméïda, Portugais.

1506 — Madagascar, par Tristan de Cuna.

1508 — Malacca et Sumatra, par Siqueypa, Portugais.

1511 — Moluques, par Serrano, Espagnol.

1512 — Floride, par Ponce de Léon, Espagnol.

1513 — La mer du Sud, par Nugnez Balboa.

1515 — Pérou, par Perez de Rua, Espagnol.

1516 — Rio-Janeiro, par Solis, Espagnol.

1517 — Chine, par Ferdinand d'Andrada, Portugais.

1518 — Mexique, par Fernand de Cordoue.

1520 — Terre de Feu, par Magellan, Portugais.

1521 — Iles des Larrons, Philippines, par le même.

1523 — Nord de l'Amérique, par Jean Verazani.

1527 — Bermudes, par Jean Bermudez, Espagnol.

1528 — Nouvelle-Guinée, par A. Vidanetta, Espagnol.

1534 — Canada, par Jacques Cartier, Français.

1535 — Californie, par Cortès.

1536 — Le Chili, par Diego de Almagro.

1541 — Camboje, par Mendez Pinto et Borella.

1542 — Japon, par Alvaro, Espagnol.

1543 — Mississipi, par le même.

1556 — Détroit de Waigats, par Stevens Borough, Anglais.

1567 — Iles Salomon, par Mendana, Portugais.

1569 — Côtes du Chili (mer du Sud), par Pedro Sarmiento, Espagnol.

1594 — Iles Malouines ou Falkland, par Hawkins, Anglais.

1594 — Nouvelle-Zemble, par Barentz, Hollandais.

1595 — Iles Marquises de Mandana, par Mandana, Portugais.

1607 — Baie de Chesapeak, par John Smith, Anglais.

1608 — Québec, fondé par Champlain, Français.

1610 — Détroit d'Hudson, découvert par Hudson, Anglais.

1616 — Baie de Baffin, par Baffin.

1616 — Cap Horn, par Lemaire, Français.

1642 — Nouvelle - Zélande, par Abel Tasman, Hollandais.

1642 — Terre de Diémen, par le même.

1643 — Iles des Amis, par le même.

1700 — Nouvelle-Bretagne, par Dampier, Anglais.

1767 — Taïti, par Wallis, Anglais.

1768 — Archipel des Navigateurs, par Bougain-ville, Français.

1768 — Archipel de là Louisiane, par le même.

1772 — Ile de la Désolation, par le même.

1774 — Nouvelle-Calédonie, par Cook, Anglais.

1778 — Iles Sandwich, par Cook.

1791 — Iles Chatham, par Brougthon, Anglais.

1821 — Ile de Pierre Ier, par Bellingshausen, Russe.

1831 — Terre d'Enterby, par Biscoë.

1833 — Sud du Groënland, par B. Morel, Fran-çais.

1838 — Terre Victoria, par Simpson, Anglais.

1838 — Terre Louis-Philippe, par Dumont-d'Ur-ville, Français.

1839 — Terre Adélie, par le même.

1839 — Terre Balleny, par Balleny.

Liste chronologique des Voyages autour du Monde.

Magellan, Espagnol,	1510.
F. Drake, Anglais,	1577.
Cavendish, *idem*,	1587.
Van Noost, Hollandais,	1598.

Spelberg, Hollandais,	1614.
Schoulen et Lemaire,	1615.
Happon, Hollandais,	1623.
Cowley, Anglais,	1683.
Wood, *idem*,	1708.
Roggewein, Hollandais,	1721.
G. Anson, Anglais,	1740.
Byron, *idem*,	1764.
Bougainville, Français,	1766.
Wallis, Anglais,	1767.
Cook, Anglais, 1er voyage,	1768.
— 2e voyage,	1776.
— 3e voyage,	1785.
Lapérouse, Français,	1785.
Malapina, Espagnol,	1790.
Entrecasteaux, Français,	1791.
Marchand, *idem*,	1791.
Vancouver, Anglais,	1792.
Turnbull, *idem*,	1800.
Krusenstern, Russe,	1803.
Kotzbue, *idem*,	1814.
De Roquefeuille, Français,	1816.
Freycinet, *idem*,	1817.
Duperré, *idem*,	1822.
Bougainville, *idem*,	1824.
N. Forster, Anglais,	1828.
Dumont-d'Urville, Français,	1837.

FIN.

TABLE.

—

FIN DE LA TABLE.

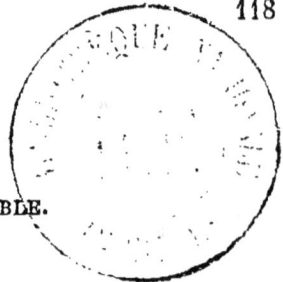

LIMOGES et ISLE,
Typographies Eugene Ardant et C. Thibaut.

www.ingramcontent.com/pod-product-compliance
Lightning Source LLC
Chambersburg PA
CBHW052212270326
41931CB00011B/2317